대통령과 함께한 5년

순천만에서 청와대까지

대통령과
함께한
5년

조용우 지음

행성B

대한민국을 위한 기록

1997년 대통령 선거 당시 나는 신문사 정치부 막내 기자였다. 입사한 지 얼마 안 돼 갓 정치부에 배치된 터라 경기도 과천 중앙선거관리위원회에서 대선 당일 밤을 새웠다. 기적 같은 여야 간 정권 교체가 이뤄지고 나는 여당이 된 김대중 대통령이 이끄는 새정치국민회의의 담당 기자가 됐다. 돌이켜 보면 그렇게 정치와 처음 연결된 것 같다. 살면서 한 번도 정치와 인연이 닿을 거라고는 생각해보지 못했는데 어쩌면 운명이었을지도 모른다는 생각이 든다. 누가 자신의 운명을 알겠는가. 인생이 계획한 대로 흘러간 적이 있던가.

20년 가까이 기자로 우리 사회와 정치를 밖에서 구경만 하고 살았다. 쉰을 앞두고 새로운 일을 해보고 싶었다. 어느 날

느닷없이 사표를 내고 문재인 전 민주당 대표의 대통령 선거 준비 캠프에 들어갔다. 그리고 민주당 선거대책위원회에서 직접 선거를 치렀지만 정작 나는 단 한 번도 나 자신이 선거에 나가 후보가 될 생각은 해본 적이 없다. 선거는 내 체질에 맞지 않는다고 생각했다. 정치부 초년 기자 시절 선거철이 되면 민주당 기자실에는 출마하려는 사람들이 쓴 책들이 쌓였다. 자원 낭비라고 생각했다. 정치인이 쓴 책 중에 내가 읽어본 책은 채 3권도 안 된다. 그때 마음먹었다. 평생 책을 쓰지 않겠다고.

그랬던 내가 지금 자서전이랍시고 쓰게 됐다. 대부분은 곧바로 휴지통으로 들어가거나 먼지만 수북이 쌓인 채 어딘가에 처박힐 게 분명하다. 그럼에도 불구하고 책을 쓰는 이유는 그동안 내가 구경했던 대한민국을 어딘가에는 기록으로 남겨 둬야 한다는 일종의 의무감 때문이다. 누군가는 내년 총선을 앞두고 쏟아지는 출판기념회용 책자 중 하나라고 비난할 것이다. 선거에 나서지 않았다면 책을 낼 생각 자체를 안 했을 테니 변명의 여지는 없다. 겸허히 받아들이겠다.

내가 컴퓨터 앞에 앉아 씨름하자 어떤 지인은 "돈을 주고 출판사에 맡기면 알아서 책을 대신 내준다"며 괜히 고생하지 말라고 했다. 하지만 아무리 허접해도 내 이름으로 남는 기록을 그리할 수는 없었다. 그리고 선거가 아니더라도 한 번쯤

5

내가 살아온 흔적들을 정리해 놓는 것도 의미 있는 일이라고 생각했다. 기자 시절 누군가 "모든 글은 지독한 편견이다"라고 했는데 누구의 말이었는지는 기억에 없다. 이 책의 일부는 편리한 대로 기억이 왜곡됐을 수 있고, 일부는 다소 미화됐을 수도 있다. 가능하면 내가 보고 들은 데서 크게 벗어나지 않으려고 노력했다. 그나마 최근에 만난 한 선배의 얘기에 큰 위안을 받았다. 그분은 "출마하는 사람이 자서전을 내는 건 유권자에 대한 예의"라고 했다.

2016년 7월 말 일요일, 동아일보 정치부 차장이었던 나는 후배들의 기사 점검(데스킹)을 마치고 주머니에 담아 둔 사표를 꺼냈다. 누구도 예상하지 못했던 일이었다. 그리고 회사에 나가지 않았다. 보름을 훌쩍 넘겨 8월 18일에야 사표가 수리됐고, 나와 정치의 인연은 다시 이어졌다. 기자를 그만뒀다는 소식에 양정철 형(전 민주연구원 부원장)이 전화를 했다. 둘이 세 번을 만났다. 많이 고민했다. 그때 나는 지인의 조그만 회사에 부사장으로 막 출근했을 때였다. 세 번째 만났을 때 정철이 형은 광주에 문상 가 있던 당시 문재인 민주당 전 대표에게 전화를 걸어 내게 바꿔줬다. 그분과 그날 밤 통화에서 나는 근사한 멘트를 하지 못했다. 오래전 포장마차에서 만나 함께 소주를 마셨던 얘기만 했다. 그는 당 대표를 사퇴하고 대통령 선거 출마를 준비하고 있었다. 그 통화를 시작으로 자연인 신분이었던 문 전 대표의 개인 비서실이자 초기 선거 준비 캠프에 합류하게 되었다.

문 전 대통령과의 인연은 14년 만에 다시 이어진 것이었다. 그와 처음 만난 건 2002년 민주당 대통령 선거 후보 경선 당시 노무현 후보 취재차 부산에 갔을 때다. 당시 문화일보 정치부 막내 기자였던 나는 문재인 변호사를 만나 포장마차에 앉아 노무현에 대해 얘기했다. 2시간 남짓 짧은 만남에도 그가 무척 선하고 정직한 사람이라는 걸 충분히 느낄 수 있었다. 그리고 2003년 노무현 대통령 시절 청와대에 출입하면서 문재인 당시 민정수석 비서관과 자주 통화했다. 민정수석이라는 민감한 자리에 있으면서도 그는 늘 친절하고 솔직했다.

2009년 5월 23일 토요일로 기억된다. 아침에 눈을 떠 TV를 켰을 때 믿기 힘든 소식을 들었다. 노무현 전 대통령의 서거였다. 망치로 머리를 한 대 맞은 느낌이었다. 많은 생각이 스쳐 갔다. 그가 민주당 대선 후보가 되고, 대통령이 되는 과정을 가까이서 지켜봤다. 대통령이 되고 난 후 대한민국을 바꾸려고 발버둥 치는 모습도 봤다. 나 같은 수많은 비주류들이 환호했기에 그는 대통령이 되었다. 그러나 대한민국에서 비주류가 기득권 세력에 맞선다는 게 얼마나 힘든 일인지 그는 온몸으로 보여줬다.

7

시뻘건 자막을 보면서 나는 2002년 12월 19일 선거 당일 장인 장모 두 분을 깨워 투표하시라고 했던 나 자신이 원망스러웠다. 장인은 대구 달성 출신이다. 월남전까지 다녀온 후 군에서 장기 복무했다. 그런 장인도 그날 노무현 후보에게 표를 던졌다. 사위를 위해서였다고 했다. 대통령 후보 경선 당시 상대 후보로부터 장인의 부역 문제로 공격받았을 때 결과적으로 노 후보를 돕는 기사를 썼던 일도 후회가 됐다. 청와대를 출입하면서 특종 욕심에 그를 곤혹스럽게 한 기사를 쓴 일도 후회됐다.

2004년 동아일보로 옮긴 후 자의 반 타의 반으로 10년 넘게 신문사 정치부 그리고 정치권과 인연을 끊고 살았다. 사회부, 경제부 등을 돌며 평범한 기자로 살았다. 그 와중에도 마음 한편에선 늘 '왜 우리는 성공한 대통령을 갖지 못할까, 왜 퇴임 후 온전히 한 시민으로 살아가는 대통령을 만나지 못할까?' 하는 생각이 들었다. 그런 생각이 인연을 다시 이어지게 한 것 같다. 그렇게 기자로서 늘 밖에서만 구경하다 정치판에 뛰어들어 대통령 선거를 치르고, 청와대 비서관으로 5년 내내 있으면서 권력의 내부를 구경할 수 있었다.

정권이 바뀌니 많은 사람이 문재인 정부를 욕한다. '한 게 뭐냐?'는 식이다. 진보 진영조차 예외는 아니다. 나는 일일이 변명하지 않는다. 대신 문재인 정부 5년을 담은 다큐멘터리를 한번 보실 것을 요청드린다. 내가 총괄해서 만든 이 영상은 유튜브에 들어가면 언제든 찾아볼 수 있다. 그 5년간 우리가 어떤 노력을 했고, 어떤 나라를 만들려고 했는지 아실 수 있다. 특히 '특별편'에는 문 대통령이 직접 출연하는 만큼 그의 육성을 꼭 들어보시길 권한다.

국민에게는 한없이 너그럽지만 참모들과 자신에겐 언제나 엄격했던 문재인 대통령과 함께했던 6년은 내 인생에서 가장 빛나고 영광스러운 시간이었다. 이 책을 빌려 같이 있을 땐 한 번도 표현하지 못했던 그에 대한 존경과 감사함을 적고 싶다. 기자로 여러 정치인을 가까이서 접했지만 문 전 대통령만큼 말과 행동이 다르지 않은 분이 얼마나 될까 늘 의문이었다. 당신의 끈질긴 설득과 따뜻함으로 인해 대한민국은 수많은 위기를 극복할 수 있었고, 당신이 뜬눈으로 지새운 수많은 밤들로 인해 우리는 편안한 날을 보낼 수 있었다.

그리고 이 책을 쓸 수 있는 공간(연구실)을 제공해 주신 국민대학교와 김도현 교수께 진심으로 감사드린다. 주저하던 내게 출마를 결심할 수 있도록 용기를 주신 선후배, 친구들에게도 깊은 감사를 드린다.

책을 펴내며

차례

책을 펴내며 대한민국을 위한 기록   4

1부 아랫장 막둥이 청와대 비서관이 되다

남는 건 기록밖에 없습니다   15
나는 왜 정치를 하려고 하는가   23
1년 2개월 만에 양산에 가다   28
왜 순천인가   32
어떤 선거, 어떤 정치를 할 것인가   39
'문지기' 5년의 시작   45
대통령의 기록이 사라진 시간들   56
대통령 개별 기록관 논란에 대한 해명   69
세 번의 사표, 두 번의 복귀   74
문재인 정부는 실패했는가   82
진보 진영의 아쉬운 대응, 문제는 늘 태도   90
측근이 없었던 이상한 청와대   112
견고한 기득권 카르텔   119
알 수 없는 인생   128
86 2선 후퇴론   134
대한민국 대통령의 조건   142
결국은 먹고사는 문제   145
나는 지지율 1% 후보의 담당 기자였다   149
노무현을 보낸 후 모든 게 후회였다   159
비주류 인생   174

2부 묻고 생각하다:
순천과 대한민국을 말하다

순천이라는 시(詩)	195
순천의 미래	198
순천의 교육	207
순천의 인구 문제	211
남해안 중심 도시 클러스터	214
순천 경제 활성화	217
스마트시티 구축	219
구도심과 신도심 격차 해소	228
의대 설립과 상급 종합병원	230
외국인과 이민자	241
관광 인프라 업그레이드	243
쓰레기 소각장 문제	252
중장년, 노년 세대를 위한 정책	254
공공 일자리 확대 방안	257
젊은 인구 유입을 통한 도시 활력 제고	260
재정 자립도	266
분열과 대립의 정치	268
팬데믹 이후 한국 경제	274
외교 전쟁	278
중국과의 교역	280
미중 충돌과 한국	283
지속 가능한 경제 성장	285
저출생 문제	289
에너지 전환 정책	291
부동산 인플레이션	293
남북 교류 협력	297
포용과 화합의 정치	299

1부

아랫장 막둥이

청와대 비서관이 되다

남는 건
기록밖에 없습니다

청와대 생활 3년이 조금 넘은 2020년 8월 말, 막 출근해서 책상을 정리하는데 신지연 부속비서관이 급히 내 방으로 찾아왔다.

"조 비서관님, 나가실 건가요?"

"오래 있었잖아요. 짐도 다 챙겨놨어요. 근데 모함을 받고 나가는 건 참기 힘드네요."

방 한편에 놓인 박스를 가리켰다. 당시 나는 몇몇 대기업에서 이직을 제안받았고, 청와대 생활도 3년을 넘게 한 만큼 나갈 때가 됐다고 생각하고 있던 터였다. 애초 기업 생활은 50대 10년 동안 해보려고 했던 일 중 하나였다. 이런 얘기가 대통령께 보고가 된 모양이다. 그냥 기업에서 좋은 제안을 받아 나가려고 한다고 보고하면 될 일을 누군가 온갖 확인되지 않은 '음해성' 말까지 덧붙여 전한 것 같았다.

오전 10시경, 신 비서관이 전화를 했다. 대통령께서 같이 점심을 먹자고 하신다고 했다. 문재인 대통령은 장관이나 수석비서관이 그만두고 나갈 때는 통상 식사를 같이했다. 일반 비서로서는 흔치 않은 일이었다. '밥 한 끼 주시고 내보내 주실 모양이다'라고 속으로 생각했다.

기대에 부풀어 상춘재로 향했다. 하지만 그 자리에 신동호 연설비서관과 같이 부르셨다는 얘기를 듣고 내 생각이 틀렸음을 직감했다. "조 비서관, 나가실 겁니까?" 자리에 앉자마자 대통령께서 물어오셨다. 그는 자신을 몇 년 동안 도운 비서에게도 반말을 하지 않았다. 아직 내가 말을 놓을 만큼 편하지 않으시다는 것일 수도 있다. 이내 대답을 못 했다. 연설비서관과 함께 부르신 건 두 사람은 나가지 말고 끝까지 함께 있으라는 취지라는 걸 모를 리 없었다. 옆에 앉은 신지연 비서관이 "비서관 중에 나가신다는 분과 따로 점심을 같이하신 건 처음입니다"라고 거들었다. 문 대통령은 싫다는 사람을 붙잡지 않는 분이었다.

"지금은 다른 자리들이 화려하고 주목받지만 남는 건 기록과 연설밖에 없습니다."

내가 자리 욕심 때문에 그만두려고 한다는 걸로 보고받으신 듯했다. 하기야 다른 청와대 비서관이 나갈 때마다 나도 몰래 누군가 나를 후임으로 추천했으니 대통령께서는 내가 마치 그런 자리에 욕심을 내는 것으로 알고 계실 수도 있었 다. 얼추 언론에 보도됐거나 나중에 알게 된 것만 해도 5~6자 리 정도 된다.

한번은 임종석 비서실장실에 올라갔을 때다. 임 실장이 "윤건영 상황실장이 나가면서 자네를 후임으로 추천했던데?" 라고 했다. 총선 출마차 윤 실장이 나간 직후였다. 임 실장은 내 오랜 친구이자 직속상관이었다. 나는 "나도 어디 가면 동 네 가수 정도는 되는데 전국구 가수 바로 다음에 노래했다가 무슨 망신 당할 일 있습니까"라고 웃으며 완곡하게 거절한 일 도 있었다.

나는 그날 "남는 건 기록밖에 없다"는 대통령의 말에서 권 력의 공허함을 느꼈다. 참여정부에서 민정수석과 비서실장 을 해본 그였다. 노무현 대통령의 죽음도 가까이서 겪었다. 문 대통령의 원래 꿈은 역사학자였다. 그런 그였기에 권력의 정 점에 있다는 게 얼마나 허망한지 너무도 잘 알고 있었으리라. 그의 말에는 이런 소회가 묻어났다. 머릿속이 복잡했다. '지금 못 나가면 끝까지 못 나갈 텐데….'

"그냥 있겠습니다."

차마 나가겠다는 말씀을 드리지 못했다. 부동산 문제, 조 국 전 장관 문제 등으로 우리 정부가 어려운 상황이었다. 내

문재인 정부 초반 국무회의 배석

가 그리 중요한 인물은 아니었지만 나와 연설비서관이 갖는 상징성이 있다고 판단했다. 둘 중 하나가 그의 곁을 떠나면 언론은 확대해석할 가능성이 컸다. 문 대통령도 더 이상 묻지 않았다. 나 역시 언젠가는 말씀드릴 기회가 있을 거라고 생각해 구구절절 변명하지 않았다. 나는 그날 "대통령님과 노무현 전 대통령님이 순서를 바꿔서 했으면 참 좋았을 것 같다"는 실없는 농담을 했다. 농담처럼 얘기했지만 나는 20년 전 우리 사회가 노무현을 대통령으로 만들긴 했지만 그가 하려던 일은 받아들일 준비가 안 돼 있었다고 생각했다.

실은 고액 연봉이 보장된 자리를 찾아 나갈 상황도 아니었다. 선거 전부터 대통령 곁을 지키던 사람들은 대부분 제 갈 길을 찾아 나가고 몇 명 남지 않았다. 취임할 때 비서실에는 '광홍창팀' 멤버 13명 중 임종석 실장을 포함해 9명이 비서관으로 들어갔다. 하지만 2020년 총선을 전후해 대부분 나가고 정치에 뜻이 없는 멤버들만 몇 명 남았다. 조국 전 장관에 대한 검찰의 공세, 부동산 문제 등으로 무척 어려운 상황이라 마음이 편치 않은 때였다. 남들이 믿거나 말거나, '나라도 대통령 곁에 남아야겠다'는 심경이었다.

비서실 내 많은 '어공(어쩌다 공무원)' 후배들은 나만 보면 "형님은 기업으로 가든지 총선에 출마해야지 뭐 하러 이리 오래 있으려고 하냐"고 했다. 그들의 눈에는 내가 기자도 했고,

'광흥창' 생활도 했다는 게 꽤 괜찮은 스펙으로 비쳤던 것 같다. 그때만 해도 나는 출마에 관심이 없었다. 그렇게 5년을 대통령 곁을 지켰다. 아니, 엄밀히 말하면 그의 그늘에 있었다고 하는 게 더 맞을 듯하다. 선거 준비 때부터 치면 6년 가까운 세월이다. 그도 나도 성격상 살가운 표현을 못 한다. 나는 그가 늘 어려웠다.

"선거 때는 그나마 조금 괜찮았는데 대통령이 되시니 너무 어렵습니다."

"그냥 편하게 하세요."

정권 출범 초기 혼자 보고를 드리러 집무실에 들어가서 나눈 짧은 대화다. 대통령께서 아랫사람들에게도 늘 존대를 하시니 참모인들 모시는 분에게 편하게 할 수 있겠는가.

나의 청와대 생활은 5년 만에 끝났다. 2017년 5월에 들어가서 2022년 5월 9일 밤에 문을 닫고 나왔다(이제야 털어놓지만 마지막 날인 9일은 하루 휴가를 냈다. 도저히 마지막 날 청와대에 남아서 일을 할 자신이 없었다. 직원들에게 마지막 뒷정리를 맡기고 나는 그날 혼자 여수 바닷가로 가서 1박을 하고 이튿날 양산으로 향했다). 후임 정부가 청와대를 나와 대통령 집무실을 용산으로 옮겨 가면서 나는 역사상 마지막 청와대 비서관, 청와대의 마지막 5년을 지켜본 비서관이 됐다.

근무 당시 직원들끼리는 청와대를 힘든 감옥 생활에 빗대어 '만기 복역'이라는 우스갯소리를 하곤 했다. 통상 비서관이든 행정관이든 1년 반 정도가 평균 근무 기간이다. 체력적으로 버티기 힘들다. 하지만 우리 정부 청와대는 비서관, 행정관 가운데 5년을 꼬박 근무한 사람이 20명 남짓이나 된다. 이 역시 아마 전에도 없었고, 앞으로도 나오기 힘든 기록이 될 듯하다.

그중 승진이나 보직 이동도 하지 않고 같은 자리에서 비서관으로 5년을 꼬박 근무한 사람은 나와 신동호 연설비서관, 이정도 총무비서관 3명이다. 대선 때부터 모신 '어공'은 신 비서관과 나 둘이었다. 시인인 신 비서관은 2012년 대선 때부터 10년을 한결같이 문 대통령을 지켰고, 지난해 5월 이후 다른 잠재적인 대권 주자들로부터 러브콜을 받고도 "이제는 다른 사람의 연설문을 쓰지 않겠다"며 거절했다고 한다.

신 비서관과 나는 2016년 '광흥창'에서 만나 대통령 임기가 끝나는 날까지 늘 가까이 붙어 지냈다. 해외 순방 수행을 가면 비행기 좌석에도 나란히 앉았고, 호텔 방도 바로 옆이었다. 그리고 문 대통령 임기가 끝난 후에도 나는 신 비서관이 사는 수락산 아래로 찾아가 이런저런 얘기를 나누곤 했다. 그 역시 나의 뒤늦은 출마 결심에 적잖게 놀랐고, 한편으론 내가 상처를 입을까 봐 걱정을 많이 했다.

신동호 시인과 함께

나는 왜 정치를
하려고 하는가

애초 나는 정치에는 관심이 없었다. 나와 맞지 않는 영역이라고 생각했다. 비서관 재직 중에는 한사코 출마를 권유했던 주변 분들도 정작 내가 출마 결심을 밝히자 모두 놀라는 눈치였다. 어떤 분들은 "착하다는 게 정치판, 선거판에서는 큰 단점이 될 것"이라고 했다. 맞는 얘기다. 나는 어릴 적부터 다른 사람에게 욕먹는 걸 죽기보다 싫어했다. 게다가 기자 시절 내내 나는 구경꾼이었다. 2016년 기자를 그만두고 문재인 후보 선거 준비 캠프에 뛰어든 건 엄청난 모험이자 도전이었다. 정치를 할 생각이 있었으면 아마 문 대통령의 지지율이 80%를 넘나들던 2020년 총선이 훨씬 쉬웠을 것이다.

당시 많은 권유에도 나는 손사래를 쳤다. 주변에선 쉽게 출마를 결정하고 실행에 옮기는 '동생'들이 많았다. 청와대 행

1부. 아랫장 막둥이 청와대 비서관이 되다

정관으로 몇 달 근무하고 내쫓기듯 나가서 출마한 사람 중에 국회의원이 된 분도 있다. 그분들의 용기를 평가 절하할 생각은 전혀 없다. 내가 막상 출마 고민을 해보니 어느 누구도 쉽게 평가할 수 없을 것 같다. 모두 존경스럽다.

"여보, 나 아무래도 내년 선거에 나가야겠는데…."

올해(2023년) 초, 퇴근해 막 집에 들어서는 아내에게 뜬금없이 얘기를 꺼냈다. 별 기대는 없었다. 강하게 반대할 게 뻔했다. 3년 전에도 주변 권유에 못 이겨 한 차례 조심스럽게 말을 꺼냈다가 딸까지 가세한 강력한 반대를 경험한 적이 있기 때문이다. 아내는 31년 차 공무원이다. 그런데 아내의 대답이 의외였다. "하고 싶으면 해봐. 단, 이번 한 번이야." 아내도 내가 지난 1년간 힘들어하는 모습을 곁에서 지켜본 터라 마냥 반대만 하긴 어려웠던 것 같다. 시간이 흐르고, 출마에 대한 계획과 준비가 가시화되자 그제야 아내는 현타(?)가 온 듯했다.

"출마 허락한 거 취소하면 안 돼요?"

"늦었어요. 주변에 다 얘기했고, 이미 준비를 시작해서 물러설 수도 없는 상황이 됐어요."

아내의 얘기를 전해 들은 장모님은 노발대발하셨다. 본가 부모님은 내가 스무 살을 갓 넘겼을 때 모두 돌아가셨고, 장인어른이 7년 전 세상을 떠난 후로 장모님은 유일하게 곁에 계신 분이었다. 본가 양친이 없어 나는 장인, 장모님과 10년 가까이 같이 살았다. ('얹혀살았다'는 게 더 적확하다.) 내겐 어머니나 다름없는 분이었다.

하지만 결심을 되돌릴 수는 없었다. 문재인 정부에 대한 세간의 야박한 평가도 출마를 결심하는 데 크게 작용한 게 사실이다. 너무 견디기 힘들었다. 5년 동안 하루도 마음 편할 날 없이 노심초사했던 수많은 사람의 노력이 폄하되고 헛수고가 되는 걸 애써 외면하고 살았다.

1년이 넘도록 진행되는 검찰 수사에 말도 안 되는 이유로 수많은 동료가 불려 다녔다. 나 역시 한 차례 불려가 조사를 받았다. 일부는 구속되고 기소됐다. 단순히 우리 정부에서 승진했다는 이유로, 청와대에 파견 근무를 했다는 이유로 탄압을 받는 늘공(관료)들도 무수히 목격했다. 누구보다 문재인 대통령이 5년을 어떻게 보냈는지 가까이서 지켜봤다. 당시 우리는(어공) "대통령님이 너무 불쌍하다. 들어오고 싶지 않았던 정치판에 끌려 나와 저렇게 고생을 하시나…"라는 말을 달고 살았다.

단지 '스토킹'에 가까운 정치 보복에 대한 분노만으로 정치를 할 수는 없다. 우리 정치판에서 극단적인 대립과 보복은 기자 시절부터 30년 가까이 봐 온 익숙한 장면이다. 돌이켜 보면 대한민국은 모든 영역에서 지난 30년간 눈부시게 달라졌다. 유일하게 뒷걸음친 영역이 정치다. 물론 정치가 우리 사회를 발전시키는 데 일정 부분 역할을 했다는 점은 부인하기 어렵다. 하지만 오래전 처음 정치부 기자로 접했던 때보다 지금 정치가 더 발전했느냐고 묻는다면 단연코 아니다. 정체도 아니고 후퇴다.

더 걱정스러운 건 국가 운영 시스템과 외교 관계의 붕괴다. 한번 붕괴되면 복원하는 데 엄청난 노력과 시간이 필요하다. 어떤 방식으로든 그런 상황을 막는데 작은 역할이라도 해야 한다는 생각이 들었다. 그냥 연구실에 앉아 편하게 살기엔 상황이 너무 심각했다.

내가 정치를 하겠다고 결심하는 데 큰 용기를 주신 분들께 감사드려야겠다. 현란한 말솜씨가 없어도, 화려한 웅변가가 아니더라도, 권모술수에 능하지 않아도, 거짓말을 하지 않아도 얼마든지 정치를 할 수 있다는 걸 보여주신 문재인 대통령님.

역설적이게도 지금 활동하는 여야의 많은 현역 정치인들도 큰 용기를 주셨다. '저렇게 허접해도 정치를 하는구나….' 동아일보 후배 기자들은 "ㅇㅇㅇ도 하는데 왜 선배가 못 하냐"며 응원해줬다. 일부는 내게 잘 맞지도 않는 정치판에 뛰어들어 고생할 것을 걱정하는 사람도 있었지만.

수석 보좌관 회의. 왼쪽에서 세 번째

1년 2개월 만에
양산에 가다

퇴임 후 문 대통령이 있는 양산 사저에는 출마 예정자의 방문이 줄을 이었다. 나는 애초 출마 생각도 없었고, 나까지 찾아가서 귀찮게 하고 싶지 않았다. 1년 가까이 한 번도 찾아가지 않은 참모가 나와 신동호 연설비서관 2명이라고 했다. 한 번쯤은 뵈러 가야 할 것 같아 신동호 형을 만날 때마다 같이 가자고 졸랐다.

나는 2022년 5월 이후 한 달에 한 번 정도 동호 형을 보러 갔다. 서울의 북쪽 끝 수락산 아래 살고 있는 그를 만나 같이 밥을 먹고 차 한잔하는 게 즐거움이었다. 그가 살고 있는 곳은 오래전 작고한 천상병 시인이 살던 동네다. 신동호 시인이 거기 살고 있다는 게 어쩌면 우연이 아닐 것 같다는 생각도 들었다.

동호 형은 늘 "별로 가고 싶지 않은데?"라며 완강히 거절했다. 하지만 내심 그도 대통령을 보고 싶어 할 게 분명했다. "혹시 대통령께서 전화하신다면 모를까⋯." 여운을 남겼다. 한번은 양산에서 대통령을 모시고 있는 오종식 비서관이 '언제 오실 거냐'고 다른 사람을 통해 물어왔다. 솔직히 나는 퇴임한 대통령을 찾아가 사진 찍는 일이 썩 좋게 보이지 않았다.

"갑자기 왜 출마하려고 마음을 먹었어요? 화가 많이 났습니까?"

1년 2개월 만에 찾은 내게 문 대통령이 물었다. 나는 "나라가 1년 만에 이렇게 망가지는 걸 보면서 뭐라도 해야 할 것 같았습니다"라고 답했다. 민주당, 순천의 정치 상황 등에 대해 이런저런 얘기를 나눴다. 문 대통령은 임플란트 수술을 받은 직후라 턱에 시퍼런 멍이 있었고, 눈두덩이에는 벌레에 물려 밴드를 붙이고 있었다.

"생각해 보니 대통령님과 제가 같이 찍은 사진이 별로 없습니다."

"다음에 다시 날을 잡읍시다."

나는 다시 찾을 생각을 하면서 서재를 나섰다. 하지만 대통령은 초보 정치인이 안쓰러우셨는지 배경 좋은 데로 데리고 가시더니 사진을 찍자며 손을 잡아주셨다. 그런 분이었다. 하루 종일 책방에서 손님들 맞느라 힘드셨을 텐데, 게다가 얼

1부. 아랫장 막둥이 청와대 비서관이 되다

2022년 7월, 1년 2개월 만에 양산 사저를 찾아 대통령님과 함께 손을 잡고 사진을 찍었다.

양산 사저에서 문재인 대통령님과 환담하는 모습

굴에 멍까지 있으면서도 멀리서 찾아온 옛 비서를 그냥 돌려보내지 못한 것이다.

결국 우리는 사진 몇 장을 찍고 다음을 기약하기로 했다. 이날 처음으로 문 대통령은 나를 '용우 씨'라고 불렀다. 나는 대통령께 "다음에 올 때는 신동호 비서관도 함께 오자고 하겠습니다"라고 했다. 그러자 그는 "신 비서관도 보고 싶네요"라고 했다. 그분 입에서 누군가를 보고 싶다는 말이 나올 거라고 예상하지 못했다. 하기야 10년을 곁에 두었던 사람이니 안 보고 싶을 리가 없지만 그런 살가운 표현을 잘 하지 않는 분이라 다소 의외였다. 돌아와서 나는 동호 형에게 "대통령께서 형 보고 싶다고 하던데요?"라고 했다. 동호 형도 내심 놀랐을 것 같다. 하여튼 대통령이나 형이나 나나 모두 살가운 표현에 익숙지 않은 사람들이다.

정권이 넘어가니 많은 사람이 문 대통령과 우리 정부에 대한 험담을 한다. 그중에는 그를 대통령으로 만드는 데 큰 역할을 했다고 알려진 분들도 있다. 황당하다. 그럼 왜 그런 분을 대통령으로 만들었나. 문재인 대통령은 내가 본 대한민국 대통령 가운데 사심 없이 국민을 위해 일한 분임에는 분명하다. 재임 중 코로나 팬데믹으로 인해 제대로 일할 시간이 부족했다는 게 아쉬울 뿐이다.

왜
순천인가

출마를 결심하고도 나는 한동안 순천으로 갈지를 놓고 주저했다. 지난 20여 년간 순천의 정치 상황을 누구보다 잘 알고 있었기 때문이다. 가능하면 정치를 하더라도 순천은 피하고 싶었다. 내 출마에 동의한 분들 중에도 순천에 나가는 걸 반대하는 분들이 훨씬 더 많았다. 아니, 거의 전부가 반대했다. 정치 신인이 뛰어들기에는 너무 혼탁하고 복잡한 곳이라는 게 그분들의 설명이다. 그도 그럴 것이 2004년 총선 이후 순천에선 민주당(서갑원), 민노당(김선동), 한나라당(이정현, 현 국민의힘) 후보가 당선됐고, 최근 시장 선거에서는 무소속 노관규 후보가 당선된 곳이다. 인구 30만 명이 안 되는 도시에 총선, 지방 선거를 가리지 않고 '상습적(?)'으로 출마하는 후보가 여럿 된다. 최근 20년 동안 순천은 재보궐 선거를 포함해

16번의 선거를 치렀다. 거의 매년 선거가 치러졌다는 얘기다. 돈과 조직이 없으면 신인은 명함도 내밀기 힘들다는 게 지역 정치권 관계자들 얘기다. 한번 선거가 끝날 때마다 후보들끼리 견원지간이 되고, 시민들도 편이 나뉘어 싸움판이 벌어진다. 딱 대한민국 선거판의 축소판이다.

2024년 총선에서 민주당은 호남에서 예전 같은 결과를 낙관하기 어려운 상황이다. 민주당에 대한 거부감이 어느 때보다 팽배해 있다. 우리 정부에서 민주당은 두 차례 전국 단위 선거에서 압승을 거두고도 무기력했다. 특정 정당에 얽매이지 않는 순천 유권자 특성상 민주당 후보라고 당선을 안심하기 어렵다. 국민의힘 이정현, 천하람 두 전국구 정치인이 순천을 호남에서 가장 약한 고리로 보고 파고들고 있다. 국민의힘 당 차원에서도 호남의 교두보 확보를 위해 총력을 기울일 것이 뻔하다. 민주당이 2024년 총선에서 승리하더라도 순천을 내줄 경우 반쪽 승리에 그칠 공산이 크다. 나라도 나서서 어떻게든 막아야 한다는 결론에 도달했다.

"형, 나 순천에서 출마해야겠어요."

처음 출마 결심을 굳힌 날 밤 일찌감치 순천 출마를 준비 중인 서갑원 전 의원에게 전화했다. 서갑원 형은 순천에서 지인들과 저녁 자리를 하고 있다고 했다. 그는 이미 순천에서 두 차례 당선됐고, 한 차례 이정현 의원에게 진 적 있다. 2020년

2022년 5월, 청와대 근무를 마치고 순천 남산의 부모님 묘소를 찾았다.

내가 나고 자란 순천 옥천동 호남사거리 방앗간 골목. 왼쪽 끝집에서 고교 2학년까지 살다
옆 동네로 이사했다.

선거 때는 소병철 현 의원이 영입돼 전략 공천을 받으면서 경선에도 참여하지 못했다.

"어, 그래? 그럼 내가 동생을 도와야지. 동생 앞길을 막을 수 있나."

30년 가까이 형, 동생 사이로 지낸 서갑원 형은 흔쾌히 돕겠다고 했다. 고마웠다. 그러나 나는 너무 순진했다. 며칠 후 그를 찾아가 식사를 함께하며 도와달라고 하자 표정이 달라졌다. 수도권 출마를 권유했다. "고민해보고 다시 올게요." 그는 내가 여전히 순천 출마 의지를 굽히지 않자 당혹스러워하는 반응을 보였다. 나는 더 이상 얘기하지 않고 "누구든 이기는 사람을 돕기로 하시죠"라고만 하고 돌아왔다.

검사 시절부터 존경해왔던 소병철 의원을 국회 의원회관으로 찾아갔다.

"선배님, 지금 순천 상황이 녹록지 않은 것 같습니다. 작게나마 저도 역할을 해야 할 것 같습니다." 그에게 내년 선거에서 순천은 단순히 국회 의석수 하나 이상의 의미가 있음을 설명하고, 출마 의지를 내비쳤다. 소 의원은 "조 후배 같은 분이 순천에 와서 같이 정치를 하면 나도 좋지요. 하지만 이번에는 저를 도와주면 안 되겠습니까"라고 했다.

소 의원도 순천에서 정치를 하면서 많은 상처를 입은 듯했고, 내년 선거를 통해 명예를 회복하고 싶어 하는 눈치였다.

나는 "경선을 통해 선배님이 후보가 되시면 최선을 다해 돕겠습니다"라고 얘기하고 방을 나왔다. 고검장 출신인 소 의원은 검찰 재직 시절부터 알고 지낸, 훌륭한 인품과 내공을 갖고 계신 분이었다. 자신에 대한 관리도 철저한 분이다. 설령 내가 후보가 되지 못한다 해도 열심히 돕겠다는 말은 진심이었다. 어떻게든 민주당이 승리해야 하는 곳이라 생각해서다.

지난 20년간 순천이 몇몇 정치인들의 '놀이터'가 된 듯해서 늘 안타까웠다. 하지만 그것만이 출마 이유는 아니다. 나 한 사람의 노력으로 의미 있는 변화가 일어날지도 의문이다. 지난 대선 때 순천은 전국에서 문재인 후보에게 가장 높은 득표율을 선물했다. 그 때문이었을까. 우리 정부 내내 각계에 있는 순천 출신들이 엄청나게 약진했다.

평소 내가 알고 지낸 인사만 해도 검사장급인 대검 공안부장에 연달아 순천고 동기(배용원, 박찬호)가 임명됐고, 대검 반부패부장(신성식), 서울 남부지검장(송삼현), 중부지방국세청장(김재철) 등등 여기저기 다 셀 수 없을 정도였다. 정부 부처뿐 아니라 민간 기업에서도 순천 출신이 중용되면서 역사상 가장 화려한 '순천 전성시대'라고 불렸다.

우리 정부 초기 대검 과장(부장검사)과 서울중앙지검 부장검사 중에 순천 출신이 유독 많아 한때 검찰 수뇌부에선 "순천이 왜 이리 많냐"고 한 적도 있다는 후문이다. 그중 일부는 우리 정부와 검찰 간 충돌 과정에서 검찰 편에 서기도 했고 일부는 '윤석열 사단'으로 분류되는 인사도 있었다.

물론 돌이켜 보면 문 대통령이 재임 시절 인사 문제에 있어 호남을 유독 챙긴 데는 과거 기억도 영향을 미친 것 같다. 참여정부 시절 민정수석 때 부산 출신인 그가 호남 인사를 홀대했다는 루머에 오랫동안 시달렸다. 그 때문에 대선 기간 동안 부인 김정숙 여사가 광주에서 아예 머물기도 했다. 재임 시절 문 대통령은 당시 그 루머를 퍼트리고 대선 과정에서 집요하게 공격했던 정치인들까지도 다 품으려 노력했다. 그런 와중에 유독 순천 출신이 중용된 건 순천이 마지막까지 비평준화 지역이었고, 유난히 권력기관에 80년대 학번 순천 출신 공무원이 많기 때문이기도 했다.

순천 출신은 기업인이 많지 않다. 대신 안정적인 공무원, 특히 권력기관에 많다. 리스크 있는 일을 하지 않으려는 지역 정서 때문인 듯하다. 어쩌면 여순 사건●의 트라우마 때문인지도 모른다는 생각도 든다. 어릴 적부터 우리 세대는 어른들로부터 "절대 앞에 나서지 말고, 어느 한쪽에 서지 말라"는 말을 귀가 닳도록 듣고 살았다. 공부 잘하고 똑똑한 사람들이 많았

●　제주 4·3 사건 당시 여수, 순천 지역 군인들이 이승만 정부의 명령을 거부하고 반란을 일으킨 사건. 진압 과정에서 대규모 민간인 학살이 자행되었다.

지만 정치권에는 상대적으로 드물었다. 이번 국회에 들어서 좀 많아진 편이다. 내년 총선에서 순천을 지키고 다음 대통령 선거에서 승리하는 게 그분들에게 입은 은혜를 갚는 길이라고 생각했다. 그리고 윤석열 정부의 황당한 공세에 맞서 문 대통령을 지키는 것도 해야 할 일이다.

순천은 전남 제1의 도시가 됐다. 뛰어난 자연환경과 우수한 인재 등등 발전 잠재력이 큰 도시다. 순천은 남해안의 중심에 위치해 있고 산, 바다, 들판 등 아름다운 자연환경이 갖춰진 도시다. 그럼에도 불구하고 도시 발전에 걸맞는 정치가 이루어지고 있는지 의문이다. 아니, 오히려 정치가 도시 발전의 걸림돌이 되고 있다는 생각이다. 고향을 사랑하고 국가의 미래를 걱정하는 분들이 순천에서 정치를 해보려고 했다가 다들 지레 포기하곤 한다. 엄두가 안 나는 정치 지형 때문이다. 순천을 자랑스러워하면서도 순천의 정치에 대해선 고개를 절레절레 흔든다. 모두 외면하니 나라도 나서야 할 것 같다. 나는 순천에서 정치하는 사람들이 제발 시민과 국가를 먼저 생각해주길 간절히 바란다.

어떤 선거,
어떤 정치를 할 것인가

막상 선거에 나서겠다고 주변에 선언하고 나니 준비해야 할 일이 태산이었다. 평소 잘 참여하지 않던 초중고 동문 모임에서 연락들이 왔다. 50년 가까이 연락이 닿지 않았던 초등학교 동창들도 모임 소식을 알려왔다. 내가 그동안 욕은 먹지 않고 산 모양이다. 친구들이 돕겠다고 나섰다. 당선 여부를 떠나 소식이 끊긴 친구들과 다시 만날 수 있는 계기가 된 듯해서 좋은 점도 있었다.

나는 순천에서 그동안 보지 못했던 새로운 유형의 선거운동, 새로운 정치를 할 생각이다. 현역 의원이나 10년, 20년 순천에서 오랫동안 정치를 하며 여러 차례 출마한 경험이 있는 경쟁 후보들과 똑같은 방식으로 해서는 결코 승산이 없다는 걸 누구보다 잘 안다. 인지도, 조직, 돈 어느 것 하나 그분들에

1부. 아랫장 막둥이 청와대 비서관이 되다

비해 나은 게 없다. 출발도 늦었다. 출마 결심을 밝힌 후 주변 사람들의 마음이 더 급한 것 같다. 그도 그럴 것이 내년 경선을 위해선 당장 권리당원 모집이 중요하기 때문이다.

나는 애초 거의 모든 유권자가 사실상 민주당원이나 다름없는 호남에서 권리당원 50%, 일반 시민 50%로 나눠 여론조사를 하겠다는 발상 자체가 신인의 진출을 막기 위한 꼼수로 느껴졌다. 대부분의 시·도의원은 현역 의원이 생사여탈권을 쥐고 있고, 조직도 이들 시도의원이 갖고 있기 때문이다. 다른 지역과 형평성을 맞추려고 했으리라고 좋게 생각해본다.

하지만 선거 준비를 하면 할수록 우리 정치판에 신인 진출을 막고, 선거판을 혼탁하게 만드는 과정의 첫 단계가 권리당원 모집이라는 생각을 지울 수 없다. 모집 과정도 허술하다. 당원 가입서를 한 장이라도 더 모으려고 온갖 편법이 동원된다. 막상 그렇게 모집한 당원들이 경선 과정에서 자신을 지지해줄지는 미지수라는 걸 다들 뻔히 잘 알고 있다. 해보니 정말 '민폐 경쟁'이다.

"당비를 내는 신규 당원 입당 원서 3,000장은 모아야 돼."

"헤어스타일도 바꾸고, 사람 만날 때는 깔끔하게 정장 차림으로 나가고…."

여기저기서 훈수가 날아든다. 내가 어렸을 때부터 봐온 남성 국회의원이나 출마자들 사진을 보면 천편일률적이다. 머리에 기름을 발라 넘기고, 늘 날이 잘 선 양복을 입고 다닌다. 최근 들어 많이 달라지긴 했지만 국회의원이 되려면 으레 그래야 한다는 생각들은 쉽게 변하지 않은 듯하다. 물론 예의를 갖춰야 하지만, 외양을 가꾸고 치장하기 시작하면서 국민들과 거리가 멀어지는 것을 자주 봐왔다. 유권자 입장에서도 어느 순간 편하게 다가가기 힘들어진다. 나는 원래 그래왔듯이 꾸미지 않은 날것 그대로 정치를 할 생각이다.

내가 선거 준비를 하면서 만난 수백 명의 시민에게서 공통으로 들은 얘기가 있다. 선거 때와 당선 후가 너무 다르다는 것이다. 나는 약속할 수 있다. 결코 변하지 않을 자신이 있다고. 30년 넘게 지켜보면서 늘 한결같은 사람이라는 걸 아는 친구들이 지금 내 선거를 가장 열심히 도와주고 있다.

정치부 기자 시절부터 난 늘 의문이었다. 다른 분야에 있을 때는 모두 한가락씩 하던 분들이 국회에만 들어가면 존재감이 없어지기 일쑤였다. 물론 '국회에서는 선수(選數)가 깡패'라는 말이 있다. 아무리 잘났더라도 초선 의원은 분명 한계가 있다. 어느 조직에서든 아무리 나이가 많아도 신입사원은 신입사원이다. 하지만 재선의 욕심만 버리면 얼마든지 할 말 하고, 자신의 생각대로 정치를 할 수 있을 것 같은데 그런 분을 발견하기 쉽지 않다.

나는 한 번이면 족하다. 그 이후는 생각하지 않는다. 민주

1부. 아랫장 막둥이 청와대 비서관이 되다

당, 정치인에게 실망한 시민들에게 순천 정치판에도 이런 사람이 있었다는 걸 남기는 것만으로 충분하다. 나는 당선되면 다음 총선에 다시 나서도 될지를 시민들에게 물을 생각이다. 응답자의 절반 이상이 반대하면 나는 아예 출마하지 않을 생각이다. 아내의 허락 조건도 이번 한 번이다.

이런 얘기를 주변에 했더니 다들 질색한다. 절대 그런 얘기를 해서는 안 된다는 것이다. 이번에 안 돼도 또 출마한다고 해야 도와주는 사람들이 붙어있다는 것이다. 나는 애초 이번 선거에서 진다는 생각을 해본 적이 없고, 이번 한 번에 모든 걸 쏟아 부을 생각이다. 선거 준비를 해보니 주변에 너무 많은 폐를 끼치는 일이다. 나로 인해 주변 사람들이 고생하는 것을 지켜보는 것도 쉽지 않은 일이다.

임기 초반 윤석열 정부가 고전하고 있지만 민주당이 2024년 총선에서 승리하기는 쉽지 않아 보인다. 2020년 총선 같은 압승은 고사하고 과반 의석을 확보하는 것도 만만치 않을 것 같다. 수도권은 물론 호남에서 과거와 같은 압도적인 지지를 받을 수 있을까. 출마를 고심하면서 내가 청취한 순천, 호남의 민심은 예전과 사뭇 달랐다. 민주당, 현역 의원들에 대한 거부감이 생각보다 컸다.

그동안 선거 결과를 되짚어보면 호남 민심은 묘한 구석이 있긴 하다. 물갈이 여론이 높아 중앙당 차원에서 새로운 영

선거를 준비하며 중고교 시절 다녔던 교회에서 교통 봉사를 했다.

입 인사를 전략 공천하면 그에 대한 반발도 거세다. 모 의원은 "호남은 인물 교체도 자신들의 손으로 하겠다는 것"이라고 분석했다. 2016년 김종인 비상대책위원장 체제로 치른 총선에서 민주당은 호남에서 안철수 대표의 국민의당에 참패했다. 당시 상황에 대해선 양론이 있었다. 민주당이 내세운 새 인물들이 기대에 미치지 못했다는 평가와 인위적인 물갈이에 대한 호남 지역민들의 반발이 컸다는 것이다.

그럼에도 불구하고 민주당이 다음 대선에서 승리하는 데 호남의 지지는 절대적이다. 민주당에 대한 불신과 반감이 팽배한 상황에서 내년 총선을 과거처럼 '대충' 치렀다간 낭패를 볼 수밖에 없다. 당연히 3년 후 치러질 대선에서 승리한다는 건 망상에 그칠 공산이 크다고 본다.

특히 순천은 호남에서 예외적인 지역이다. 민주당이 텃밭이라고 착각해서는 안 되는 곳이다. 광양제철, 여천공단 등이 순천에 조성되면서 외지인이 50%를 넘어선 지 오래다. 이들이 주로 거주하는 신도심은 1개 동의 인구가 4~5만 명에 이른다. 과거 순천의 중심이었던 구도심은 고작해야 1개 동이 인구 2,000~3,000명에 불과하다. 현재 여당 소속 이정현 전 의원이 내리 두 번이나 당선된 곳이기도 하다. 물론 당시는 박근혜 대통령 시절이었고, 순천 정치판 내 복잡한 이해 관계도 한몫했지만 여전히 그에 대한 향수가 남아있다.

'문지기'
5년의 시작

"선배, 저 문재인 전 대표 대선 캠프에 들어갈까 합니다."

2016년 8월 하순 동아일보 근무 시절 사수격이었던 선배와 둘이 점심을 같이했다. 20일 만에 사표가 수리된 직후였다. 그 선배는 반대했다. 두 가지 이유였다. 내 성격이 정치판에 맞지 않는다는 것과 당시 문 전 대표의 지지율이 반기문전 유엔 사무총장보다 한참 낮은 상황이었기 때문이다.

그러면서 그는 동아일보 선배 중 정치권으로 간 A라는 선배에 관한 일화를 소개했다. A 선배는 2008년 여름, 비교적 늦게 이명박 대선 후보 캠프에 들어갔다. 이미 판세가 기울어 이 후보의 승리가 예상되던 때였다. 그는 선거대책위 회의에 가서 자신의 의자가 맨 뒤에 놓여있는 걸 보고 의자를 끌어다 맨 앞줄에 놓고 앉았다고 한다. 그분은 이번 정부에서도 장관급에 임명됐다. 정치판에서 생존하려면 그 정도 뻔뻔함이 있어야 된다는 얘기였다. 나였다면 쭈뼛쭈뼛 그냥 맨 뒷줄에 앉을 게 뻔하다는 게 그 선배의 생각이었다. 하지만 나는 내심 캠프행을 굳힌 상태였다.

그리고 며칠 후 나는 임종석 전 의원을 만났다. 그와는 30대 초반 그가 국회에 처음 발을 들여놓을 때부터 친구로 지냈다. 당시 나는 DJ가 만든 새정치국민회의(현 민주당) 출입기자였다. 같은 대학을 졸업했지만 대학에서 임종석 전 의원과 마주친 적은 없었다. 내가 스물다섯 살이라는 나이에 뒤늦게 대학에 들어갔고, 대학에 들어간 후 기자 시험 준비를 하느라 학생운동 하는 그룹과는 거리가 있었다. 하지만 첫 만남 때부터 둘은 서로 말을 놓기로 했고, 이후 오랜 세월 친구로 지냈다.

나는 그가 이사장으로 있는 남북경제문화협력재단 사무실에서 2시간여 동안 얘기를 나눴다. 그 자리에서 내가 문 전 대표 캠프에 참여하기로 했다고 말하자 무척 반기는 표정이었다. 나중에 안 사실이지만 그 역시 이미 문 전 대표 캠프에 참여하기로 한 상태였다. 그날 임 전 의원은 그 같은 사실을 끝내 알려주지 않았다.

2016년 10월 초 '광흥창팀' 첫 회의에 참석하면서 나의 백수 생활이 시작됐다. 아내에게 "언제 다시 월급을 갖다줄지 모르지만 최소한 14개월은 생활비를 갖다줄 수 없을 것"이라고 했다. 그러면서 나는 아내에게 "나중에 나이 들어서 그래도 빛나는 추억 하나는 남지 않겠어?"라고 했고, 대학 졸업과 동시에 시작한 공무원 생활을 20년 넘게 하고 있었던 아내는 이런저런 일을 시도할 수 있는 내가 부럽다고 했다. (동아일보에 사표를 낼 때도, 정치권으로 가겠다고 할 때도 아내는 늘 내 판단과 결심을 응원했다.)

첫 회의에는 사실상 캠프를 꾸린 양정철 형을 비롯해 임 전 의원, 노무현 전 대통령 대변인이었던 윤태영 선배, 신동호 시인, 윤건영(현 의원), 송인배, 김종천, 오종식, 이진석, 신지연, 탁현민 등이 참석했다. 정철 형은 여의도가 한강 건너로 보이는 서울 마포 광흥창에 사무실을 구하고, 사람을 모으는 등 거의 모든 실무적인 작업을 도맡았다. 김경수 당시 의원(전 경남지사)도 이따금 들렀다. 윤태영 선배는 오랜 친구인 안희정 후보와의 관계 때문에 경선을 앞두고 그해 연말 '안희정 캠프'로 갔다. 우리 정부에서 공직을 맡지 않겠다고 선언한 정철 형을 제외하면 임 전 의원(비서실장)을 비롯해 대부분 멤버가 선거가 끝나고 청와대에 비서관으로 들어갔다.

첫 회의 당시에만 해도 대통령 선거는 14개월 후였고, 당시 여론조사에서 문 전 대표는 20%를 넘기지 못했다. 귀국하지도 않은 반기문 유엔 사무총장은 30%에 육박했다. 하지만 캠프 회의는 늘 밝았다. 모두 승리를 자신하는 표정이었다. 나는 "내가 기자 하면서 정치부에 있는 동안 치른 큰 선거에서 진 적이 없다"며 분위기를 띄우기도 했다. 우연이겠지만 실제로 1997년 대선, 2002년 대선에서 내가 출입한 민주당은 모두 이겼다. 그리고 12년 만에 정치부로 복귀해 치른 2016년 총선에서도 민주당이 이겼다. 당시 선거 직전까지도 많은 사람은 한나라당의 압승을 점쳤다. 그때 정치권에선 한나라당이 180석 이상을 차지하고 민주당은 100석도 얻기 힘들다는 전망이 많았다. 하지만 결과는 민주당이 123석을 얻어 원내 1당이 됐다. 당시 선거를 앞두고 후배들과의 회식 자리에서도 나는 "내가 왔으니 민주당이 이길 것"이라고 했다. 다들 웃으며 전혀 믿지 않는 표정이었다.

국가적으로 불행한 일이었지만 개인적으로는 운이 좋게도 백수 생활이 절반으로 줄게 됐다. 광흥창에서 첫 회의를 한 지 2주쯤 지났을 때였다. JTBC에서 태블릿 PC 보도가 터져 나왔다. 처음 보도가 나올 때만 해도 그 일이 탄핵까지 이어질 거라고는 상상을 못 했다. 사실 동아일보에 있을 때 이미 TV조선이 최순실 관련 첫 보도를 한참 전에 했었다. 당시 정치부 데스크였던 나는 솔직히 그 보도가 어떤 의미를 담고 있는지조차 가늠하지 못했다. 정치부에 너무 오랜만에 복귀한 데다 현장 취재를 안 한 지도 오래된 탓이었다. 후속 보도는 물론 인용 보도도 하지 않고 뭉갰다. 그 당시 TV조선의 보도는 다른 매체 어디서도 후속 보도를 하지 않아 그대로 잊혀졌다.

어찌 됐건 JTBC 보도로 박근혜 전 대통령의 기자회견이 이어졌고, 언론의 취재 경쟁이 시작됐다. 어떤 사건이든 일단 언론의 취재 경쟁이 한번 시작되면 걷잡을 수 없이 사태는 커지기 마련이다. 아무리 취재원이 기자들과 관계가 좋아도 상황을 막긴 어렵다.

추운 겨울 촛불집회가 시작됐다. 당시 '광흥창'에서는 문재인 후보의 촛불집회 참석 여부를 놓고 열띤 토론이 벌어졌다. 불안해하는 국민을 위해 집회 초기부터 참석해야 한다는 의견이 많았지만 후보는 "국민들보다 앞서가지 말고 늘 발을 맞춰 함께 가야 한다"며 조심스러워했다. 집회 규모는 점점 커졌고 후보의 집회 참석이 결정되면서 나도 광화문, 청계광장에서 그해 겨울을 보냈다. 기분이 묘했다. 그곳은 내가 30, 40대 젊은 시절을 기자로 보낸 동아일보 바로 코앞이었기 때문이다. 참가 인원이 100만 명을 넘어가면서 탄핵 얘기가 흘러나왔고, 조기 대선이 점쳐졌다. 탄핵은 보수 여당의 몰락으로 이어졌고, 대선 결과를 낙관하는 기류가 강했다.

인연이 묘하다. 다른 얘기지만 그 집회에 참석하면서 오래전에 소식이 끊겼던 정치권 후배와 우연히 만났다. 내가 처음 정치부 기자로 국회를 출입하면서 만났던 국회의원 보좌관

대구에서 열린 촛불집회에 참석한 문재인 대통령 후보　　　ⓒ연합뉴스

출신이었다. 그 후배는 여러 의원의 선거를 직접 치러본 경험이 있는 선거의 달인이다. 그만큼 정치적 감각이 뛰어났다. 국회 출입할 때 의원회관에서 형, 동생처럼 편하게 지냈는데 내가 정치부를 떠나고 그 후배도 보좌관을 그만두면서 연락이 끊어졌다.

광화문에서 서로 인사만 나누고 헤어졌다가 우리는 이듬해 선거를 앞두고 여의도에서 다시 우연히 마주쳤다. 그리고 매우 가까운 사이가 됐다. 평소 그 후배는 나에게 "형은 선거체질이 아닌 것 같네요"라고 했다. 그런 그가 이번에는 나에게 순천 출마를 권유했고, 순천까지 내려와 도와주겠다고 했다. 그는 경기도 고양시 일산에 살고 있다. 여의도에서는 그를 '의리의 사나이'로 부른다. 우연이 겹치면 필연이라고 하던가.

박근혜 전 대통령 탄핵으로 앞당겨 치러진 2017년 5월 대통령 선거. 예상대로 우리가 이겼다. 외견상 싱겁게 끝난 것처럼 보이지만 막상 선거 기간 내내 나는 하루도 마음 편한 날이 없었다. 경선 과정에서부터 지지자들 간의 갈등이 심했고, 이 갈등의 골은 지금도 잘 메워지지 않았다. 요즘은 '개딸(개혁의 딸)'로 불리는 이재명 전 민주당 대표의 팬덤이 유명하지만 그때는 '손가혁(손가락 혁명군)'이라고 불리는 집단이 인터넷상에서 문재인 후보 지지층과 강하게 충돌했다. 또한 가장 강력한 후보로 꼽히던 반 전 총장 지지율이 고공행진 중이었다.

반 전 총장은 그해 4월에 귀국했다. 돌이켜 보면 선거 과정에서 선거 초보인 내가 가장 노심초사했던 때였다. 하지만 반 전 총장의 귀국보다는 그해 4월 초 국민의당 안철수 후보가 경선 효과로, 문 후보의 지지율을 잠깐 추월했을 때가 가장 긴장했던 때였던 것 같다. 다분히 일부 언론의 희망 섞인 여론조사 결과였지만 안 후보 지지율이 앞섰다는 기사가 주요 신문 1면을 장식하면서 위기감에 팽배했다.

다행히 반 전 총장은 귀국과 함께 갈지자 행보를 거듭하다 20일 만에 중도 포기했다. 단순히 여론조사만 믿고 준비 없이 뛰어든 결과다. 안철수 후보 지지율도 컨벤션 효과 이상으로 오래 유지되지 못했다. 일주일 만에 다시 하향세를 탔고, 한나라당 홍준표 후보와 3자 구도로 치러진 선거는 승리로 끝났다. 하지만 수치만 놓고 보면 결코 쉬운 선거가 아님을 알 수 있다. 만약 안철수 후보가 출마하지 않았다면 결과를 알 수 없는 선거였다. 안 후보가 21% 득표를 했고, 홍 후보가 24% 남짓을 득표했다. 문재인 후보는 탄핵으로 치러진 선거였음에도 41% 남짓에 그쳤다.

광흥창에서 10명 남짓으로 시작된 캠프는 여의도 S빌딩으로 이사하면서 실무진이 보강돼 인원이 50여 명으로 늘었다. 유력 주자였던 반 전 총장이 조기 낙마하고 안철수 후보 지지율도 저조해지면서 사람들이 몰려오기 시작했다. 인원이 늘면서 다시 D빌딩으로 옮길 땐 200명가량으로 불어났다. 캠프에 자리를 얻기 위한 신경전도 치열했다. 나는 공보실 실무 책임자 역할을 맡았다. 민주당 선거대책위원회가 꾸려지면서 민주당사로 다시 이사했다. 공보실은 언론을 상대하는 일 외에도 공보단(단장 박광온 의원) 내 10여 명의 대변인, 80여 명에 이르는 부대변인들이 매일 쏟아내는 각종 논평, 성명의 초안을 생산해야 했다.

역할 분담이 필요했다. 당에서 오래 일을 해온 권혁기 수석 부대변인에게 부대변인단과 공보실 실무자 조직 관리를 맡겼다. 나는 논평, 성명 작성과 언론 대응 업무를 맡기로 했다. 권 부대변인은 내가 오래전 민주당을 출입할 때부터 알고 지냈던 후배였다. 상대 후보들의 네거티브 공세에 대한 대응도 공보실에서는 내가 맡았다. 선거가 과열되고 선거일이 임박할수록 네거티브 공세가 거셌다. 그래도 3자 구도로 치러진 덕분에 비교적 순조롭게 승리로 끝났다.

사실 내가 1997년 대선 때부터 직간접적으로 경험한 바로 대한민국에서 정상적인 상황에서 치러진 대통령 선거에서 민주당이 자력으로 이긴 적이 없다. 김대중 전 대통령은 외환위기라는 특수한 상황 속에서도 군사 쿠데타 주역이었던 김종필(JP) 전 자유민주연합(자민련)과 연합해 간신히 이겼다. 게

다가 이인제 후보의 무소속 출마 강행까지 크게 한몫해준 덕분이다. 내가 참여한 2017년 대선도 그랬다. 문재인 후보가 탄핵이라는 특수한 상황 속에 선거를 치렀음에도 안철수 후보의 출마가 없었으면 승리를 점치기 어려웠다. 당시 문재인 후보가 얻은 득표율은 41% 남짓에 불과했다. 한나라당 홍준표 후보와 안 후보가 얻은 득표율 합계는 45%를 넘었다. 이들이 1명으로 단일화가 됐으면 결과가 어땠을까.

그나마 노무현 전 대통령을 유일한 예외로 꼽을 수 있지만 그 역시 전혀 어울리지 않는 정몽준 국민신당 후보와 단일화·파기 등 곡절을 겪으면서 극적으로 승리했다. 노 전 대통령이 서민들의 마음을 움직이는 특별한 개인기가 없었다면 그 역시 어려웠을 것이라고 생각한다. 정말 유세 현장에서 직접 듣는 노 전 대통령의 대중연설은 기자였던 내 가슴까지 울렁거리게 할 정도로 강렬했다.

그런 점에서 보면 별다른 외생 변수가 없었던 2022년 대선에서 이재명 후보가 윤석열 후보에게 패한 건 너무 당연한 일이었는지도 모른다. 그나마 0.73%로 선거 막판 접전을 펼친 건 역설적이게도 국민의힘 이준석 대표의 역할이 컸을지도 모른다. 국민의힘은 전통적으로 민주당 성향이 강했던 20, 30대 남녀를 갈라치기 해 젊은 남성 표를 끌어갔다. 20, 30대의 보수화 경향을 잘 읽고 특히 젊은 남성층을 겨냥한 맞춤형

공약으로 표심을 흔들었다. 이에 반발해 애초 이 후보에 그다지 우호적이지 않았던 젊은 여성 표가 선거 막판 민주당에 급격히 몰렸다. 애초 선거 1주일을 남기고 10%포인트 이상 이 후보가 진다는 전망이 많았다. 굳이 대장동 사건을 언급하지 않아도 선거의 모든 전략과 이슈를 국민의힘이 주도한 선거였다.

그런데 아무리 선거라지만 지역 갈등, 세대 갈등도 모자라 이젠 남녀 갈등까지 조장해 정치를 하는 젊은 정치인을 보면서 씁쓸함을 감출 수 없었다. 미국 최고의 대학을 나와서 고작 하는 게 코인 투자로 선거 비용을 벌었다고 자랑하고, 선거에서 이기는 야비한 방법을 연구하는 거라니.

흥분하다 보니 얘기가 옆길로 샜다. 정상적인 상황에서 진보 정당(민주당이 진보 정당인지에 대한 논쟁은 있지만 상대적으로)이 이기기 어렵다는 건 주류 세력이 그다지 우호적이지 않다는 얘기다. 언론, 검찰, 재벌, 관료 집단 등 기득권 집단은 진보 정당이 집권하는 걸 원치 않는다. 갖고 있는 걸 뺏기지 않더라도 귀찮은 일이 많이 생긴다. 개혁이라는 미명하에 성가신 제도가 생기고 내야 할 세금도 늘어나기 때문이다. 대다수 관료도 그동안 해오던 방식이 아닌 새로운 방식으로 일할 것을 요구받으니 좋아할 리가 만무하다.

대통령의 기록이
사라진 시간들

정권이 바뀌자 언론을 비롯해 많은 사람이 문재인 정부를 비판한다. 새 정부가 전임 정부를 깎아내리는 건 너무 자연스러운 일이다. 그래야 자신들의 정당성이 확보되고 지지율이 올라간다고 생각하기 때문이다. 진보 진영 내부에서조차 문재인 정부를 향해 "5년 동안 뭘 했냐"는 볼멘소리가 들린다.

물론 모든 걸 잘했다고 할 수는 없다. 5년 단임제라는 한계로 인해 결과물을 만들어내지 못한 한반도의 항구적인 평화 정착 노력은 못내 아쉬운 대목이다. 하지만 그 5년 동안 북한의 도발로 인해 불안에 떨었던 적이 있는가. 남북 간에 우발적인 물리적 충돌이 한 건이라도 있었던가.

시곗바늘을 2017년 가을로 돌려보자. 임기를 막 시작한 직후였다. 탄핵으로 인한 조기 대선으로 2개월간의 인수위

대통령 프랑스 방문 시 함께 수행한 비서관들과, 왼쪽에서 두 번째

원회 활동도 없었다.

재밌는 상황도 있었다. 인수위원회가 없이 시작하다 보니 국무회의는 물론 대통령의 주요 참모들이 참석하는 수석보좌관 회의에 박근혜 정부 인사들까지 참석하는 코미디 같은 상황이 벌어졌다. 국무위원이야 큰 문제 될 것이 없지만 이런저런 내밀한 얘기까지 해야 하는 수석보좌관 회의에 전 정부 인사가 앉아 있는 것은 지금 생각해봐도 우스꽝스러운 모습이었다. 장관 인사청문회가 늦어지면서 그해 9월까지 국무회의에는 전 정부 인사들이 참석했다. 문 대통령은 개의치 않는 표정이었다. '일국의 장관이면 정권보다는 국민과 국가를 위해 일해줄 것'이라고 기대하는 듯했다.

당시 한반도는 전쟁의 기운마저 감돌고 있었다. 종잡을 수 없는 미국 트럼프 대통령은 대놓고 북한에 대한 '선제타격'을 운운할 때였다. 한반도 주변 4강의 리더는 미국의 트럼프, 일본의 아베, 러시아의 푸틴, 중국의 시진핑이었다. 그야말로 4명 모두 상대하기 어려운 터프한 유형의 리더들이었다.

되짚어보면 이들 4명 모두 한국에 우호적일 수 없는 인사들이었다. 박근혜 정부의 느닷없는 '사드 배치'는 중국의 뒤통수를 제대로 가격한 형국이었다. 그 바로 직전 박근혜 대통령은 중국을 방문해 천안문 광장에서 중국어로 연설까지 해 중국에서 큰 인기를 누리고 있을 때였다. 박 전 대통령의 중국

방문 직후 나는 기자로 중국 출장을 간 적이 있다. 길거리 노점에서 박 전 대통령의 일대기를 다룬 책들이 판매될 정도로 중국 국민들 사이에서 그는 인기가 높았다. 그런 그가 갑자기 중국과 사전 협의나 언질 없이 중국의 턱밑에 '사드'를 배치했으니 중국의 심경이 불편한 건 당연한 일이 아니겠나. 이로 인해 중국은 한국 단체 관광 금지 등 경제적 보복 조치를 취하고 있었다. 일본은 역사 문제를 놓고 새 정부를 냉랭하게 대했다. 트럼프 대통령에게 북한은 손톱 밑에 박힌 가시 같은 존재였다.

그해 겨울 문 대통령을 따라 베이징을 방문했다. 언론은 문 대통령이 '혼밥'을 했다고 힐난했다. 아침에 서민 식당에 가서 식사한 걸 두고 그랬다. 오바마 미국 대통령이 베트남에 가서 서민 식당을 찾으면 환호할 일이고, 우리 대통령이 그리하면 '혼밥'이 되는 게 한국 언론이다. 그날 나는 그 식당에 같이 있었고, 중국 사람들이 환호하는 걸 지켜봤다. 솔직히 말하면 그 당시 중국이 한국 대통령을 환대할 상황도 아니었다. 정상 회담에 배석한 나는 우리 대통령 뒤에 앉아 시진핑 주석, 리커창 당시 총리 등의 표정을 유심히 살폈다. 다분히 불만에 찬 표정이었다. 뒤통수를 가격당하고도 웃으며 반길 사람이 누가 있겠나. 게다가 세계의 중심이라고 자부하는 중국이 아니던가. 문 대통령은 그들을 설득하고 달래며 관계를 정상화하려고 무던히 노력했다.

이듬해 평창 동계올림픽 경기장에서 열린 아베 일본 총리와의 회담장 분위기는 더했다. 아베 총리는 정말 무례했다. 언론에 그날 분위기가 일부 소개되기도 했지만 나는 그때 대통령의 비서관이 아니었으면 '사고'를 칠 뻔했다. 트럼프 미국 대통령도 처음엔 마찬가지였다. 전화 통화를 하고 미국과 한국을 오가며 문 대통령은 '럭비공' 같은 그를 어르고 달랬다. 한없이 그를 띄워주며 우발적인 상황을 막기 위해 온 힘을 다했다. 그렇게 우리에 대한 중국의 보복 조치도 풀었고, 전쟁도 막았다.

평창 동계올림픽 준비 과정도 정말 하늘이 도운 것 같다. 평창의 기온이 영하 20도까지 떨어지는 날 야외 경기장에서 전야 행사가 예정돼 있었다. 김여정을 포함해 북한 고위급 인사들과 국빈급 해외 인사들이 다수 참석하는 행사임을 감안할 때 날씨 변수를 고려하지 않은 준비 상황이 경악스러울 정도로 황당했다. 아침마다 열리는 현안 점검 회의에서 이 문제를 놓고 토론이 벌어졌다. 일부 수석비서관 등이 직접 평창을 찾아 준비 상황을 점검하고 대책을 마련하느라 골머리를 앓았다. 관객석 의자에 열선을 깔자는 의견부터, 행사가 열리는 돔구장처럼 경기장 전체 천정을 덮자는 의견까지 다양했다. 다행히 당일 날씨가 그나마 덜 추웠고 모든 의자에 담요를 비

국무회의 배석. 문재인 대통령과 이낙연 총리 사이로 우연히 찍혔다.

치해 성공리에 행사를 마쳤다.

남북 단일팀까지 꾸려져 올림픽은 잘 치렀지만 예상치 못한 데서 일이 터졌다. 단일팀을 구성한다는 사실이 알려지자 그동안 준비를 했던 우리 측 일부 선수들이 빠지게 된 데 대해 20, 30대 청년 세대 사이에 반발이 일었다. 젊은 층에서 지지율이 급락했다. 남북관계 개선보다는 '공정'에 더 민감한 세대였다. 우리는 내부적으로 당혹스러워했다. 과거와 확연히 달라진 청년 세대의 남북문제에 대한 시선 때문이었다. 앞으로도 남북문제를 다룰 때도 '공정'이라는 키워드를 좀 더 신중하게 고려해야 할 것 같다.

대통령 선거가 끝나고 2주가량 공백이 있었다. 애초 선대위에서 공보기획팀장(공보실장)을 한 만큼 나는 비서실 홍보기획비서관으로 내정된 거나 다름없었다. 하지만 선거를 한 달 정도 남기고 윤영찬 네이버 부사장이 선대위 홍보본부장으로 영입됐다. 그는 과거 동아일보에 있었던 선배였다. 선거 직후 그가 홍보수석(국민소통수석)에 내정되자 나는 윤 선배에게 전화해 "형, 아무래도 나까지 홍보 쪽으로 가면 모양이 이상할 것 같네요"라고 했다. 게다가 국무총리까지 동아일보 출신인 이낙연 전남도지사로 낙점된 상황이었다.

2주가량 선거 때 친해진 동생과 여의도에서 시간을 보냈다. 그 동생은 나중에 우리 실에서 선임행정관으로 근무하다 자치발전비서관으로 승진해 지금 경기 오산에서 출마 준비를 하고 있다. 그리고 5월 23일 비서실장실에서 전화를 받고 출근하니 국정기록비서관을 맡으라고 했다.

나중에 안 사실이지만 기록비서관실 신설은 문 대통령이 직접 지시했고, 몇몇 사람이 기자 출신인 나를 적임자로 추천했다고 한다. 이명박, 박근혜 두 대통령은 청와대에서 기록비서관실을 없애 버렸다. 이유를 알 수 없지만 보수 정권은 기록을 남기는 걸 좋아하지 않는 듯하다. 윤석열 대통령 역시 기록비서관실을 없앴다. 노무현, 문재인 두 분은 재임 시절 거의 모든 것을 기록으로 남기도록 했고, 노 전 대통령은 2007년 대통령 기록물법까지 제정했다. 세종시에 있는 대통령기록관도 당시 이 법을 토대로 지어졌다. 문 대통령은 집권 초기부터 임기가 끝날 때까지 대통령 기록물 관리에 대해 각별한 관심을 표했다. 그건 아마도 이명박 정부에서 당한 아픈 기억 때문인 것 같았다.

재밌는 에피소드가 있다. 막 업무를 시작한 지 며칠 되지 않았을 때다. 우리 실에 있는 속기사 1명이 면담을 요청했다. 우리 실에는 일반 행정관들 외에 속기사도 3명 있었다. 이들은 대통령이 주재하는 각종 회의나 보고에 늘 참석해 기록을 남기는 일을 한다. 얘기를 들어보니 일이 너무 많아 매일 야근을 해야 하는 상황이라는 것이다. 아이들이 어린 상황이어서 육아를 병행하기 힘들다고 했다. "전에는 구내식당에서 저녁을 먹는 일이 도통 없었는데 지금은 거의 매일 야근을 하느라 힘들어요." 사정을 들어보니 이전 정부에서는 일정이 별로 없었다고 한다. 우리 정부 들어 하도 많은 일정에 배석하느라 업무량이 급격히 늘었다고 했다. 이전 정부에서는 대통령 일정 자체가 별로 없었거나 기록을 아예 남기지 않았을 가능성이 크다는 생각이 들었다. 나는 속기사 2명을 새로 들였다.

임기가 막 시작되자마자 문 대통령은 대통령 기록물 관리 방안에 대해 수석보좌관 회의에서 보고를 해달라고 지시했다. 나는 평생 기자만 했지 대통령 기록물에 대해서는 아는 게 없었다. 번갯불에 콩 볶아 먹듯 공부를 해서 간신히 보고를 끝냈다. 그러고 나서 얼마 후에는 별도로 보고를 해달라고 했다. 30분을 예정하고 들어간 단독 보고에서 대통령은 1시간 가까이 질문을 던졌다. 그만큼 대통령 기록물법에 대해 누구보다 잘 알고 있었다. 그 자리에서 나는 대통령께 "법 취지는 좋지만 우리 정치 현실에서는 기록을 잘 남기는 게 과연 잘하는 일인지 확신이 서지 않습니다"라고 했다. 실제 그랬다. 보수 정권은 거의 기록을 남기지 않는다. 반면 노무현 전 대통령은 모든 걸 기록으로 남기도록 했다가 이명박 정권에서 수모를 당했다.

대통령 기록물법의 좋은 취지에도 불구하고 검찰은 전임 정부를 수사하고 기소하는 데 이 법을 단골 메뉴로 사용하고 있다. 이명박 정부가 노무현 전 대통령 참모들을 고발해 괴롭힌 게 '봉하 이지원 유출 사건'이다. 당시 거의 모든 언론은 노 전 대통령 사저까지 몰려가 마치 엄청난 비리를 저지른 것마냥 노 전 대통령 망신 주기에 가담했다. 마치 그가 불법으로 대통령 기록물을 반출해 나간 것처럼 하면서 노 전 대통령을 파렴치범으로 몰아갔다. 엄밀히 말하면 청와대 업무관리 시스템이었던 '이지원'은 노 전 대통령이 개발한 것으로 그가 특허까지 갖고 있다. 게다가 원본이 아닌 복사본은 대통령 기록물이 아니라는 게 법원 판례다. 대통령 기록물법과 대통령 기록관을 만든 게 노무현 정부였다는 게 참 아이러니다.

별것도 아닌 일로 노 전 대통령을 파렴치범으로 몰았던 이명박 전 대통령은 정작 2018년 초 '다스' 사건 수사를 받는 과정에서 자신의 영포빌딩 지하에 몰래 숨겨 놓은 17박스 분량의 재임 시절 대통령 기록물이 발견돼 추가 기소됐다. 이 전 대통령 측은 수사를 받는 도중 변호사를 통해 대통령기록관에 이 기록물에 대해 '지정 기록'으로 해줄 것을 요청하는 공문을 보내기도 했다. 검찰이 수사 과정에서 기록물을 마음대로 열람할 수 없도록 해달라는 의도였다. 하지만 대통령 기록물 지정 권한은 현직 대통령에게만 있다는 걸 간과했던 것 같다.

나는 솔직히 우리 정치 상황에서 대통령 기록물법이라는 게 의미가 있는지에 대해 아직도 회의적이다. 모호한 규정이 많아 검찰과 법원이 자의적으로 해석할 수 있는 대목이 많다. 세종시 호숫가 경치 좋은 곳에 자리 잡고 있는 대통령기록관도 지금처럼 운영된다면 굳이 존재해야 하는지 궁금하다. '기록의 민족'이라는 건 말뿐이고, 보수 정권이 들어설 때마다 대통령기록관은 검찰의 놀이터가 된다. 검찰에서는 대통령기록관을 '정보의 보고(寶庫)'라고들 한다. 수시로 발부되는 압수수색 영장을 들고 가 대통령 기록물, 그중에서도 정말 신중해야 할 '지정 기록'을 몇 달씩 뒤지기 일쑤다.

정권과 관계없이 이런 행태가 과연 옳은지에 대해 검찰은 물론 법원도 다시 한번 생각해볼 필요가 있다고 본다. 이러니 순수하게 기록을 잘 남긴 민주당 정권은 온갖 곤욕을 치르고, 기록을 아예 남기지 않는 보수 정당은 콧노래를 부를 수밖에 없다. 국회 역시 '지정 기록' 열람 요건을 좀 더 강화해야 하는데 정권을 잡은 편과 잃은 편의 생각이 달라지니 법이 개정될 수 있을지는 회의적이다. 여야가 대승적 차원에서 '지정 기록'에 한해 후대가 참고하고 활용할 수 있도록 열람 요건을 강화해 지금처럼 검찰이 아무 때나 열어볼 수 있는 상황을 막지 않으면 '기록의 나라'는 헛소리일 뿐이다.

대통령 지정 기록을 열어볼 수 있는 건 대통령 본인(대리인 포함) 외에 두 가지 경우다. 국회 3분의 2 이상의 동의가 필요하고, 고등법원장이 영장을 발부해야 한다. 국회 의결은 사실상 불가능에 가깝다는 얘기다. 국회 동의로 대통령 지정 기록 열람이 이뤄진 건 그동안 2008년 쌀 직불금 관련한 정부 회의록, 2012년 남북정상 회담 회의록 열람 등 단 2차례에 불과하다. 문제는 고등법원에서 영장이 남발된다는 것이다. 물론 엄청난 범죄 혐의나 국가적 사활이 걸린 문제라면 발부돼야 하지만 다른 일반 형사 사건처럼 수시로 영장이 발부되는 건 심각한 문제다.

이런 상황에서는 정말 모든 역사를 기록해야 한다는 순수한 마음으로 기록을 남기는 건 바보 같은 짓이 된다. 조선 시대로 치면 '사관(史官)' 격인 기록비서관을 없애고, 중요한 기록은 사저로 몰래 들고 나가버리는 게 차라리 현명할지도 모른다는 생각마저 든다. 이명박, 박근혜 정부 9년간의 기록물 중 대통령기록관에 과연 역사적인 가치가 있는 기록물이 얼마나 될지도 의문이다. 아마 세월이 지나고 나면 이 9년은 역사의 '공백'으로 남을 것 같다. 지금 윤석열 정부까지 합치면 14년이 되지 않을까.

이런 상황 때문에 나는 재직 시절 국회 행정안전위원회 소속 민주당 의원들에게 현행 대통령 기록물법 가운데 지정 기록 열람 제도를 고쳐 달라고 누차 요구했다. 하지만 우리가 집권하고 있는 상황에서 지정 기록 열람 요건을 강화하려 한다는 사실이 알려지면 정치적 논란과 반발이 불 보듯 뻔했다. 아마 일부에선 "얼마나 감출 게 많아서 법까지 고치려고 하냐"며 난리를 칠 것이다. 오히려 보수 정권이 들어서고, 민주당이 다수인 이번 국회에서 법을 손보는 게 더 나아 보인다. 그렇지 않으면 민주당에게 대통령 기록물은 정치 보복을 당하는 데 쓰이는 좋은 재료가 될 것이다.

대통령 개별 기록관
논란에 대한 해명

2019년 9월 초, 조선일보에 대통령 개별 기록관 건립 추진 기사가 보도됐다. 일방적인 비판 기사가 줄을 이었다. 기자들의 문의 전화가 빗발쳤다. 대통령 기록물법에는 얼마든지 대통령기록관장이 통합 기록관이든 개별 기록관이든 설립할 수 있는 권한을 규정해 놓았다. 세종시의 통합 기록관이 수용 한계에 이르렀고, 국민적 활용도가 떨어지는 만큼 조그만 개별 기록관을 짓겠다는데 비판 일색이었다. 한나라당과 일부 언론은 과거 노무현 전 대통령 사저를 '아방궁'이라고 비난했듯 무슨 '문재인 호화 타운'을 짓는 것처럼 호도했다. 예산 162억 원이 적지 않은 돈이긴 하지만 우리 경제나 예산 규모로 볼 때는 극히 작은 규모였다.

세종시에 있는 통합 대통령기록관에 가면 전직 대통령 전용 열람실이 갖춰져 있다. 정말 전망도 좋고 으리으리하다. 하지만 전직 대통령 중에 이곳을 방문해 기록물을 열람한 사람은 단 한 사람도 없었다. 이 때문에 소규모로 부산, 광주 등에 작은 기록관을 만들어 시민들이 자주 찾는 공간으로 만드는 게 훨씬 좋은 아이디어라고 생각했다.

기자 출신으로서 정말 우리 언론의 수준과 보도 행태가 부끄러웠다. 가장 어처구니없는 건 조선일보다. 2007년 세종에 통합 기록관을 만들려고 할 때 그 신문사는 극구 반대하며 "개별 기록관을 지으라"고 했었다. 당시 다른 언론도 마찬가지였다. 나는 2019년 조선일보 보도 직후 춘추관으로 가서 출입기자들을 모아 놓고 당시 보도됐던 기사까지 보여주며 설명을 했다. 모두 왜 개별 기록관이 필요한지 공감하는 눈치였다. 그러나 귀를 막은 조선일보의 비난성 보도는 그치지 않았고, 다른 매체들의 무작정 따라가기도 끝나지 않았다. 애초 처음 보도 당시 기자들은 개별 기록관이 무엇인지조차도 모르고 있었다.

문 대통령이 불같이 화를 내며 추진 중단을 지시했다고 밝혔음에도 일부 신문은 개별 기록관 관련 예산이 국무회의에서 의결됐다는 것까지 끄집어내 대통령을 비난했다. 대통령이 그 사실을 모르고 예산안을 의결했겠느냐는 식으로 몰아갔다. 황당했다. 600조 원 가까운 예산안 세부 내역(예산안을 담

은 보고 자료는 수백 쪽에 육박한다)을 1시간 남짓한 회의 시간 동안
다 들여다보고 의결하는 게 말이 안 된다는 걸 뻔히 알고서도
비난을 한 것이다. 통상 국무회의에서 의결되는 안건은 많을
때는 수십, 수백 건에 이른다. 해당 부처 장관이 대략적인 예
산 편성 개요를 간단히 설명하고 이견이 없으면 곧바로 의결
한다. 예산은 회의 말미 기획재정부 장관이 예산안 편성 방향
등을 간단히 설명하고 나면 곧바로 의결한다. 세세한 내역까
지 논의되는 일은 거의 없다.

　모든 언론사에 청와대를 출입해 본 기자들이 있는 만큼 이
런 사실을 잘 알고 있었지만 전부 외면했다. 개별 기록관 설
립을 추진한다는 내용을 안 대통령기록관 일부 직원이 이 사
실을 자유한국당(현 국민의힘) 의원에게 전달했고, 해당 의원이
조선일보 기자에게 부풀려 전달했다는 후문을 한참 시간이
지나고서야 알았다. 조선일보는 줄기차게 대통령을 물어뜯었
고, 관련자 징계를 요구했다. 이듬해 국회 운영위원회 출석을
앞둔 노영민 비서실장에게 나는 "모든 건 내가 독단적으로 진
행한 만큼 내게 엄중 경고해 달라"고 요청했다. 노 실장이 국
회에서 이같이 답변하고서야 관련 기사는 사그라들었다.

　결국 개별 기록관 건립이 무산됐지만 나는 아직도 못내 아
쉽다. 아무도 찾는 사람 없는 세종의 통합 기록관 내 전직 대
통령 전용 열람실을 생각하면 더욱 그렇다. 퇴임한 대통령이

자신을 찾는 시민들과 만나 소통하고, 어딘가에 먼지만 쌓인 채 봉인된 기록물을 손쉽게 시민들이 열람할 수 있도록 작은 공간 하나 만들겠다는 게 그처럼 비난과 논란의 대상이 될 일인가? 이게 대한민국 정치와 언론의 현실이다.

세종시에 있는 통합 대통령기록전시관　　　　　　　　　　ⓒ연합뉴스

세 번의 사표,
두 번의 복귀

나는 책임을 지겠다며 사의를 표했다. 하지만 윤건영 상황실장(현 민주당 의원)은 "형님 무슨 이런 일로 사표를 냅니까"라며 강하게 반대했다. 이미 나는 2018년 겨울에 건강상 이유로 한 차례 사의를 표한 적이 있었다. 대상포진이 얼굴과 머리에 발생하면서 무척 힘든 상황이었다. 2018년 11월 초, 수포가 나오기 전 어깨 통증과 두통 때문에 6~7곳의 병원을 찾았다. 정형외과, 한의원, 내과, 이비인후과 등등을 전전했고, 두통 때문에 이틀 밤을 거의 뜬눈으로 지새우고 일요일에 분당 서울대병원 응급실까지 찾아가기도 했다. 하지만 단순 근육통이라는 얘기만 들었다.

결국 얼굴과 머리에 수많은 수포가 생기고 나서야 대상포진이라는 걸 알고 전문병원을 찾아 입원 치료를 했다. 4일간

입원해 치료하자 나은 듯했다. 업무에 복귀해 한 달 정도 근무했으나 몸은 정상이 아니었다. 그리고 12월 체코를 거쳐 아르헨티나, 뉴질랜드를 방문하는 순방길에 따라나섰다. 체코 프라하에 도착해 1박을 하고 아침 식사를 하던 중 몸이 이상했다. 등에서 식은땀이 나고 어지러웠다. 급히 내 방으로 올라가 누웠다. 그날 대통령 수행 일정을 모두 취소하고 하루 종일 방 안에서 화장실과 침대를 오가며 구토만 했다.

그날 밤 9시경 일행은 남미 아르헨티나로 출국하기 위해 공항으로 향했다. 힘들게 짐을 챙겨 버스에 올랐다. 공항에 내려 출국 심사를 받기 위해 줄을 섰다. 식은땀을 흘리면서 뇌리에는 그해 6월 싱가포르 북미 회담 관련 업무를 준비하다 뇌출혈로 쓰러진 외교부 직원이 자꾸 떠올랐다. 그는 나와 연배가 같았다. 결국 나는 일행에게 조기 귀국 의사를 밝히고 혼자 호텔로 복귀했다. 체코 대사관 현지 직원들의 도움으로 숙소에 돌아와 밤새 끙끙 앓다 이튿날 현지 병원에서 응급 처치만 받고 한국행 비행기에 올랐다.

"비행 도중에 구토만 나오지 않게 해주세요."

무사히 인천공항에 도착했지만 집까지 가는 게 막막했다. 아내는 출근해 근무 중이었다. 나는 평소 남에게 민폐 끼치는 걸 극도로 싫어하는 성격이다. 혼자 집에 갈 요량이었다. 공항 안에서 공항버스를 타는 데까지 나오는데 30분 넘게 걸렸

2018년 대통령 인도 방문 수행 중 모디 총리와 악수

다. 걷다가 의자만 보이면 주저앉았다. 가까스로 공항버스를 탔지만 청와대 주차장까지 어떻게 갔는지 잘 기억도 나지 않는다. 주차장에 도착해 운전석에 앉았지만 도저히 운전할 엄두가 나지 않았다. 한 시간 가까이 앉아 있다가 결국 대리운전 기사를 불러 집으로 갔고, 곧바로 집 근처 병원 응급실로 향했다. 지금 생각해보면 참 우둔하고 위험한 짓을 했다. 공항 근처에 사는 지인에게 전화 한 통 했으면 될 일이었다.

마침 12월 말 크리스마스를 앞둔 때여서 연차 휴가 이틀 정도를 내고 6일간 입원할 수 있었다. 고3이었던 딸아이가 수능을 치르고 대학에 지원하던 때였다. 나는 아무에게도 알리지 않았고 가족도 아내 외에는 병원에 오지 못하게 했다. 몸 왼쪽이 마비 증상을 보였다. 다행히 딸아이는 원하는 대학에 합격했다. 눈물이 났다. 기자 생활을 하면서 매일 밤늦게 퇴근하고 일요일도 출근하느라 가족과 좀 더 많은 시간을 보내지 못한 게 못내 미안했다. 이제 좀 살만해졌는데 또 고생할 아내에게 너무 미안했다.

이때 입원한 6일이 내 인생을 크게 바꿨다. 혼자 서울에 올라와 앞만 보고 살아온 지난 30여 년이 머릿속에서 파노라마처럼 지나갔다. 정말 소중한 것은 가족과 건강이라는 걸 새삼 깨달은 시간이었다. 6일 후 나는 다소 걸음걸이와 말투가 부자연스러웠지만 아무 일 없었다는 듯 다시 출근했다. 정말 삶과 죽음은 종이 한 장 차이라는 걸 느낀 건 퇴원한 다음날이었다. 병원에서 다시 전화가 왔다.

"급히 병원으로 오셔야 할 것 같습니다."

애초 단순 뇌경색으로 판단했던 병원 측에서 내 뇌 MRA 사진을 다시 판독해보고 원인이 염증 때문이라는 걸 뒤늦게 안 것이다. 대상포진 바이러스가 염증을 일으켜 뇌혈관을 막은 것이다. 염증 치료 약을 처방받아 6개월 넘게 복용했다. 내 담당 의사에게 당시 상황을 전해 들은 건 4개월이 지난 후였다. "그때 다른 병원에서 비슷한 증상으로 치료받던 환자는 결국 사망했습니다." 그 사람도 대상포진 바이러스가 뇌혈관을 막아 뇌경색 치료를 받았다고 한다. 나는 뒤늦게나마 염증 치료를 받도록 했던 병원 측에 깊이 감사드린다.

출근은 했지만 정상적인 업무 수행이 어려웠다. 말도 아직 어눌했고, 행동도 부자연스러웠다. 나는 사의를 표했다. 하지만 자세한 얘기를 하지 않았던 탓에 내부에선 "무슨 대상포진 때문에 사표를 내느냐"며 완강히 말렸다. 한동안 나는 반드시 참석해야 하는 회의 외에는 국무회의나 수석보좌관 회의에도 들어가지 않았다. 대부분의 동료는 아직도 내가 단순히 대상포진 때문에 고생했다는 정도로만 알고 있다. 나 때문에 한동안 청와대 직원들 사이엔 대상포진 백신 접종이 유행했다. 대상포진은 청와대 직원들에겐 일상이었다. 우리 실 직원 14명 중 7명이 걸렸고, 임종석 전 비서실장, 하승창 전 사회혁신수석 등도 대상포진으로 한동안 고생한 분들이다.

세 번째 사표 제출은 청와대 생활 5년 차에 접어들면서였다. 임기 마지막 해는 기록비서관실이 가장 바쁠 때였다. 더욱이 이명박 정부에서 대통령 기록물로 인해 노무현 전 대통령을 비롯해 수많은 참여정부 청와대 참모들이 고초를 겪었음을 누구보다 잘 아는 분이 문 대통령이었다.

문 대통령은 퇴임이 1년도 넘게 남은 2021년 1월 유영민 비서실장에게 대통령 기록물 이관 준비를 철저히 할 것을 지시했다. 유영민 비서실장을 팀장으로 하는 TF가 꾸려졌다. 간사는 내가 맡았다. 첫 회의가 시작되면서부터 '늘공' 출신 A 비서관과 충돌이 벌어졌다.

문제는 전산 기록을 담당하는 전산팀이 A 비서관실 소관으로 되어 있다는 데서 비롯됐다. A 비서관은 우리 실에 전산 기록에 대한 접근 권한을 줄 수 없다고 했다. 접근 권한이 없으면 전산 기록을 점검하는 게 불가능한 상황이었다. A 비서관과 회의 석상에서 고성을 주고받으며 언쟁을 벌였다. 회의가 끝나고 나는 유영민 실장을 찾아가 "일을 할 수 없을 것 같다. A 비서관과 잘 협조할 수 있는 사람이 일을 맡는 게 좋겠다"며 사의를 밝혔다. 유 실장은 화를 내며 회의를 소집해 두 비서관실 간 업무를 조정하는 것으로 정리했다.

과거 정부에서는 있을 수 없는 풍경이었다. 사실 청와대는 '늘공' 인원이 훨씬 많다. 나 같은 '어공'은 3분의 1 남짓 된다. 하지만 어느 정부에서나 선거 때부터 대통령과 함께해온 '어공'의 입김이 강할 수밖에 없다. '늘공' 출신이 선거 캠프 출신 '어공'에게 함부로 한다는 건 과거 정부에서는 상상도 못 할 일이었다. A 비서관은 캐릭터와 경력도 독특했지만 청와대 내에서의 위상 변화도 참 특별한 경우였다. 하지만 나를 비롯한 '어공' 대다수는 A 비서관의 꼼꼼한 일 처리 덕분에 큰 사고 없이 5년을 마친 데 대해 늘 감사하고 있다.

어느 정부 때나 청와대 비서실 조직은 '어공'과 '늘공'이 공존한다. '늘공'은 전문성, '어공'은 추진력과 정무 감각이 주특기다. 두 출신이 적절히 협업해야 성과를 내고 국정이 효율적으로 운영된다. 통상 선거 캠프와 당직자 출신 '어공'은 정권 창출의 공신이라는 점에서 '늘공'보다 힘이 세기 마련이다. 임기나 정년이 없는 '어공'은 '파리 목숨'이지만 '늘공'이 갖기 힘든 정무 감각과 추진력으로 관료 집단을 리드하는 게 원래 역할이다. 이런 힘의 역학관계는 내가 정치부 초년 기자 시절부터 봐왔던 익숙한 풍경이다. 하지만 우리 정부 때는 이런 상식과 영 딴판이었다. 임기 후반부로 접어들면서 '늘공' 출신이 비서실 내 '실세'가 됐고, '어공'이 '늘공'의 눈치를 보기 급급했다. 이는 문 대통령의 인사 스타일에서 비롯됐다.

지금 생각하면 개인적으로도 A 비서관에게 감사할 일이 있다. 지난해 연말 나는 검찰에서 전화를 받았다. 서울중앙지검 공안부 검사라고 했다. 서해 공무원 사망 사건과 관련해서 물어볼 게 있다면서 참고인으로 출석해달라는 것이었다. 출입기자로 3년 동안이나 제집처럼 드나들었던 서울중앙지검이었지만 막상 조사를 받으러 나오라는 말을 들으니 긴장이 되는 건 어쩔 수 없었다. 하지만 나는 해당 검사에게 "저녁 약속을 해도 되느냐", "가봐야 별로 할 얘기도 없는데 왜 부르냐"는 등 그다지 긴장하지 않은 듯 반응했다. 그리고 출석해서도 검사가 직업을 묻자 "취업 준비생"이라며 다소 농담조로 대답했다.

사실 이 대답은 검찰을 오래 취재해본 내가 그 전날 저녁 미리 궁리한 답변이었다. 혹시라도 재판에 넘겨지면 단순히 '무직'이라고 하기보다는 직업란에 뭔가 그럴싸하게 적혀 있는 게 재판부에 긍정적인 영향을 줄 것 같다는 생각에서다. 조사 과정에서 검사는 주로 청와대 전산 기록과 관련해 질문을 했다. 하지만 전산 기록은 내 소관이 아니고 접근 권한이 없었다고 했다. 나는 한 차례 조사를 받고 더 이상 불려 다니지 않았다. 지금 돌이켜 보면 A 전 비서관 덕분이었다.

문재인 정부는
실패했는가

정권이 바뀌니 새 정부는 물론 많은 사람이 문재인 정부를 폄하하는 데 여념이 없다. 물론 새 정부의 지지율이 임기 말에나 가능한 30%를 오르락내리락하고 있으니 전 정부를 깎아내리는 것 말고는 지지율 회복 수단이 없다는 점도 이해는 간다. 게다가 검찰 출신들이 요직을 장악한 상황에서 검찰을 동원한 통치가 가장 손쉬운 방법이라고 판단하는 것도 이상한 건 아니다. 진보 진영 내부에서조차 우리 정부에 대한 비판의 목소리가 나온다. 대부분은 "정권을 내줬으니 실패한 거 아니냐"는 얘기다. 일면 맞는 얘기다.

그 가운데 인사와 부동산 문제에 대한 비판은 겸허히 받아들일 수밖에 없는 대목이다. 여러 요인 가운데 두 가지 문제가 정권 재창출 실패의 결정적인 원인이 됐음을 부인하기도 어렵다. 하지만 하고 싶은 말은 하고 매를 맞겠다. 임기가 막 2년 지난 시점이었다. 문 대통령이 조국 전 민정수석을 법무부 장관에 내정했다. 걱정스러웠다. 검찰총장이 윤석열 검사였기 때문이다. 두 사람 성격상 '강골'과 '원칙'이 충돌할 게 뻔했기 때문이다.

애초 나는 내부에서 윤석열 검사의 총장 기용을 반대했다. 그가 국민들에게 인기가 있었던 건 국회에 출석해 "나는 사람에 충성하지 않는다"며 권력에 맞선 듯한 인상을 남겼기 때문이다. 하지만 그 다음에 한 발언을 주목한 사람은 별로 없었다. 그는 국민이나 국가가 아니라 "(검찰) 조직에 충성한다"고 했다. 철저한 검찰주의자였다. 어쩌면 그가 지금 대통령이 된 것도 운명이었는지 모른다. 내가 반대한다고 인사가 철회될 만큼 내 목소리가 크지는 않았다. 역사가 늘 앞으로만 가지 않듯 민주주의가 늘 정답은 아니라는 생각도 든다.

2019년 8월 말, 조국 장관 인사청문회를 앞두고 조 장관 후보자와 가족에 대한 검찰의 대대적인 압수수색이 벌어졌다. 청문회가 한창 열리던 9월 7일 자정 직전 조 장관 후보자의 부인에 대한 기습적인 기소까지 이어졌다. 황당했다. 대통령의 고유 권한인 인사권에 대한 검찰의 조직적인 도발이었다. 과거 같으면 총칼을 든 군대가 대통령이 임명하려는 장관을 잡아가겠다고 쿠데타를 일으킨 것과 다를 바가 없었다.

대통령의 고유 권한 중 가장 중요한 게 인사권이다. 그 인사가 적절했는지는 국민의 평가를 받으면 될 일이다. 애초 조 장관 임명을 반대한 검찰의 논리는 정경심 교수의 '사모펀드' 투자 건이었다. 하지만 그 혐의는 나중에 무죄가 났다. 검찰은 조 전 장관 자녀의 표창장, 인턴 증명서 등으로 수사를 확대했다. 결국 조 전 장관 딸은 의사 면허는 물론 대학 입학까지 취소돼 고졸이 됐고, 아들은 대학원 석사 학위를 반납했다. 정말 무자비하고 야만적인 수사를 한 셈이다.

나는 동아일보에서 3년 넘게 검찰을 출입하면서 검찰발 기사를 쓴 적이 있다. 사회부 차장으로 법조팀을 총괄한 적도 있다. 조 전 장관 수사는 과거 특수수사의 전설로 불렸던 분들도 혀를 내두를 정도로 잔인한 수사였다. 당시만 해도 아무리 큰 사건도 3개월 내에 끝내는 게 관례였다. 가족을 한꺼번에 기소하는 일은 극히 유례를 찾기 힘들었다. 그게 기본적인 룰이었고 스스로 지켜야 할 검찰의 절제력이었다. 무소불위의 생사여탈권을 가졌기 때문에 검사에게는 이 절제력과 균형감이 가장 큰 덕목이라고 나는 생각한다. 기자도 마찬가지다.

검찰이 대통령의 인사권 행사에 정면으로 칼을 들이댔지만 단지 '법'으로 포장했다는 이유로 어느 언론도 문제를 제기하지 않았다. 오히려 마치 검찰이 엄청난 정의의 사도인양

편을 들었다. 물론 조 전 장관 가족 문제를 언론을 통해 접한 국민들의 평가가 엇갈리는 건 부인하기 어렵다. 아직도 많은 분이 부정적인 시각을 갖고 있는 것도 사실이다. 하지만 이 일은 검찰 역사에도 엄청난 오점으로 남고, 언젠가는 검찰이 해체 수준의 위기를 맞을 수밖에 없는 계기가 될 것이라고 본다. 이성윤 전 서울중앙지검장은 언론 인터뷰에서 "윤석열 전 총장이 정치적 야욕을 위해 검찰을 팔아먹었다"고까지 했다.

사실 대통령의 고유 권한에 대한 검찰의 도발은 임기 초반부터 시작됐다. 대표적인 게 이른바 환경부 블랙리스트 사건이다. 전 정부에서 임명된 환경부 산하 공공 기관 임원 등에게 사퇴를 압박했다는 이유로 우리 정부 환경부 장관, 청와대 인사수석, 비서관 등이 줄줄이 수사를 받고 지금까지 재판을 받고 있다. 그 일로 인해 지금 검찰 정부가 들어섰지만 이들 역시 우리 정부에서 임명된 인사들에 대해 '나가달라'고 하는 것 외에는 대놓고 내보내기도 어려운 상황이 됐다. (물론 뒷조사를 통해 사퇴를 압박하는 일은 하겠지만.)

개인적으로 나는 대통령 임기 종료와 함께 모든 공공 기관장과 임원이 함께 사퇴하는 게 합리적이라는 생각이다. 여하튼 그 사건 이후 청와대 내 핵심 부서인 인사수석실은 물론 다른 기능들도 사실상 제대로 작동하지 않았다. 파견 나온 '늘공'은 물론 '어공'들조차도 제대로 움직이지 않았다.

울산 사건 역시 황당하기 그지없다. 이 사건은 유명한 '고래 고기' 사건까지 거슬러 올라가면 이해하기 쉽다. '고래 고기 사건'은 2016년 4월 울산의 한 경찰서가 밍크고래 불법 포획 사건을 수사하면서 증거물로 고래 고기 27t을 압수했는데, 이를 울산지검이 한 달 만에 그중 21t을 피의자인 유통업자들에게 다시 되돌려준 사건이다.

이를 놓고 울산경찰청이 2017년 9월 담당 검사를 상대로 수사에 나서면서 검찰과 경찰의 기 싸움이 벌어졌다. 당시 수사 지휘자가 경찰 수사권 독립을 강하게 외쳐온 황운하 울산경찰청장(현 민주당 의원)이었다. 검찰은 "돌려준 21t은 혐의를 입증할 증거가 부족했다"고 이유를 설명했다. 경찰은 "국립수산과학원 고래연구소에 넘긴 고래 고기 샘플의 유전자(DNA) 검사 결과도 나오기 전"이었다고 반박했다. 그해 12월 "모두 불법유통 밍크고래로 추정된다"는 유전자 분석 결과가 나왔을 때엔 이미 고래 고기가 모두 유통업자들에 의해 팔려나간 뒤였다.

당시 유통업자들은 고래 고기를 돌려받으려고 2억 원의 수임료를 주고 변호사를 선임했다고 알려져 있다. 이 변호사는 2013년까지 울산지검에서 담당 검사와 같은 분야의 수사를 맡던 검사였다. 한 해양 환경 단체는 "검사가 '봐주기 기소'로 되레 포경업자들의 경제적 이득을 도와줬다"며 담당 검사를 직무유기 등 혐의로 경찰에 고발했다.

경찰은 고래 고기를 주고받은 담당 검사와 유통업자, 담당 변호사는 빼고 유통업자 3명 중 1명만 구속했다. 경찰은 "변호사 사무실과 통신·금융계좌에 대한 압수수색 영장을 신청했는데 검찰이 통신·계좌 영장 외에 핵심적인 것은 다 기각해 제대로 수사할 수 없었다"고 했다. 또 이듬해 6월 해당 변호사에 대해 공무집행 방해로 사전 구속영장을 신청했으나 이마저 검찰이 기각했다. 담당 검사에 대한 수사도 제대로 이뤄지지 않았고, 해당 검사는 해외연수를 떠나 버렸다.

검찰과 경찰의 기 싸움이 한창이던 때 울산경찰청이 김기현 전 울산시장 측근 수사에 나섰다. 검찰은 결국 경찰이 기소 의견으로 송치한 김 전 시장 비서실장과 동생 사건을 모두 불기소 처분했다. 검찰은 이 수사를 맡았던 경찰관 1명의 개인 비리 사건을 파헤친다며 울산경찰청을 압수수색하고 경찰관을 구속했다. 이후 검찰 수사가 울산지검에서 서울중앙지검으로 옮겨가더니 갑자기 '하명 수사' 논란이 벌어졌다. 일부 언론과 검찰은 마치 청와대가 선거를 앞두고 김기현 전 시장을 주저앉히기 위해 수사를 지시한 것처럼 몰고 갔다. 이 사건으로 인해 청와대 내 정무, 정책 기능이 크게 위축됐다.

많은 경우 인사 문제가 국정 운영의 발목을 잡지만 핵심은 늘 대응하는 태도였다. 조 전 장관의 낙마 이후 추미애 의원을 후임에 기용했다. 당 대표까지 지냈고 강단이 있는 추 의원이 윤석열 검찰의 도발을 진압해주길 바라는 기대가 컸다. 추 의원의 한 측근은 추 의원의 법무장관 내정 사실이 공개되기 한참 전 내게 "장관직 제안을 받아들여야 할지 모르겠다"며 의견을 물어왔다. 나는 "추 의원이 지금처럼 어려운 상황에서 구원투수 역할을 잘 해낸다면 민주당 지지자들 사이에서 대권 주자로 부상하지 않겠나"라고 했다.

나는 김대중 정부 시절 민주당 기자실에 몇 안 되는 추 의원의 대학 후배이기도 했고, 기자 시절 그가 모교 대학원에서 강의할 때 한 학기 동안 수업을 받은 적도 있어 인연이 깊다. 하지만 추 의원 역시 조 장관과 마찬가지로 검찰의 칼날에 고생만 했다. 검찰과의 싸움에서 여론을 등에 업은 건 검찰이었다. 그들은 정의롭게 보였고 우리는 '오만한 강자'로 비쳐졌다.

조국, 추미애 두 분은 모두 내가 좋아하는 분들이어서 무척 아쉽다. 정치가 생물이어서 언젠가는 다시 그들이 국민들로부터 소환될 때가 있을 거라고 믿고 있다. 국민들이 민주당에 요구하는 도덕적 기준은 보수 정당과는 전혀 다르다. 특히 진보 진영 인사들은 도덕적 우월감을 깔고 감당하지 못할 말을 너무 많이 쏟아낸다. 그 말이 결국 자신의 발목을 잡는 경우가 많다는 걸 기자 생활 동안 수없이 목격했다.

정상회담장 옆방에서 동료 비서관들과 대기하면서 기념 촬영

진보 진영의 아쉬운 대응,
문제는 늘 태도

부동산은 내가 기자 초년병 시절부터 관심을 갖고 있던 분야라 할 말이 많다. 나는 10년 가까이 처가살이를 하면서 '몸빵'을 하기도 했지만 운이 따라 준 덕에 대체로 부동산 투자에 성공한 편이다. 기자 시절에는 회사 내에서 '실전 투자의 고수'로 불리기도 했다. 내가 컨설팅을 해준 후배 기자들도 대부분 성공적이었다.

일찍이 20대 초반 부모님 두 분 모두 세상을 떠나고 스물세 살에 혼자 서울에 와서 고학으로 간신히 대학을 졸업한 내가 무슨 종잣돈이 있었겠나. 게다가 나는 친구들과 어울려 장사를 한답시고 2년여를 허비하고 스물다섯이 돼서야 대학에 입학했다. 남들보다 좀 일찍 부동산 투자에 눈을 뜬 게 다행이었다. 결혼 후 나는 단순히 월급을 모아서는 집 한 칸 장만

하기 어렵다는 걸 깨달았다.

하지만 처음 집을 산 건 정말 우연과 운이었다. 딸아이를 키워주시던 처가(경기도 수원)와 가까이 모여 살자는 뜻에서 경기도 의왕에 지은 지 30년 넘은 21평짜리 집을 샀다. 그것도 장인어른이 강권해서 마지못해 산 집이다. 나는 처음엔 "무슨 30년 된 조그만 아파트를 2억 원씩이나 주고 사냐"고 했다. 결혼할 때 빚만 2,000만 원이었던 내게 2억 원은 언감생심이었다.

결국 여기저기서 대출을 받고, 주변에서 긴급 융통을 해서 이사를 했다. 대우그룹이 잘나갈 때 사원들을 위해 지은 3층짜리 사원 주택이었다. 오래됐지만 정말 자연 친화적이었다. 아침이면 새소리에 잠을 깰 정도였다. 돈을 아낀다고 칠이 벗겨진 방문을 파스텔톤 페인트 한 통을 사다가 직접 칠했다. 그러다 시간이 걸려 일부는 그냥 놔두는 바람에 모양이 웃기게 됐다. 신발장은 과천 재활용센터에 가서 사 왔고 소파는 큰누나가 집에서 쓰던 걸 버린다고 해서 얻어 왔다.

4년 정도 생활하니 재건축 소식에 집값이 뛰었다. 당시 30대 후반이었다. 그때부터 나는 재건축에 대한 공부를 했고, 주말에는 요즘 말로 '임장'이라는 것도 다녔다. 그리고 서울의 강남 한복판 재건축 예정 18평 아파트를 '질렀다'. 의왕 집을 판 돈만큼 대출을 받았다. 당시엔 대출 규제가 없었다. 5년가량 몇 푼 안 되는 내 월급은 대부분 이자를 갚는 데 들어갔다. 서울에 살 집 전세금이 없어 10년 가까이 수원 처갓집 문간방에 들어가 '처가살이'를 했다.

보리 서 말만 있어도 처가살이를 하지 않는다지만, 나는 그 10년이 내 인생에서 가장 행복한 시간이었다. 부모님이 일찍 세상을 떠난 데다 어릴 적 두 분과의 추억도 거의 없었기 때문이다. 바닷가인 당시 승주군 별량면(현재는 순천시) 화포에서 어머니는 열여섯 살에 순천으로 시집온 후 평생 단 한 번도 순천 밖을 나가보지 못한 채 세상을 떠났다. 여행은 꿈도 꾸기 어려운 시절이었다. 계란은 늘 큰아들 몫이었다. 아버지는 막내인 내가 열 살이었던 초등학교 4학년 때 집에서 환갑잔치를 했다. 그리고 내 나이 스물두 살에 세상을 떠나셨다. 그 이듬해 어머니도 따라가셨다.

호남에 대한 극도의 반감을 갖고 계셨던 장인 장모 두 분은 호남 출신 사위를 따뜻하게 품어주셨다. 대구 달성 출신의 장인어른은 월남전까지 다녀와 군에서 장기 복무하신 분이다. 그야말로 전라도라고 하면 눈에 쌍심지를 켜시던 분이다. 애초 공부 잘하고 예쁜 막내딸이 부모도 없고, 돈도 없고, 학벌도 변변치 않은 전라도 출신과 결혼한다고 했을 때 무척이나 강하게 반대하셨다. 아내에게는 "호적을 파 가라"고까지 하셨다고 한다. 사귄 지 3개월 만에 두 분을 찾아뵙고 바로 허

30대 중반 무렵, 딸아이와 경기도 의왕 백운호수에서

락을 받아 2개월 후 결혼했다.

경남 출신 장모님은 맞벌이하는 우리 때문에 외손녀를 업어서 키우느라 건강까지 나빠지셨다. 두 분과는 시간이 날 때마다 셋이 모여 앉아 100원짜리 고스톱도 치고, 함께 여기저기 여행도 참 많이 다녔다. 본가 부모님이 없어 나는 두 분을 친부모님처럼 생각했고, 두 분도 '우리 막내'라고 부르며 나를 그렇게 대해주셨다. 2011년 내가 미국 노스캐롤라이나에서 연수 중일 때는 두 분이 미국에 와서 두 달 동안 함께 미국 여기저기를 여행했다.

내가 태어나서 가족들과 쌓은 행복한 추억은 대부분 장인 장모 두 분 덕분이었다. 월남전에 참전하신 장인어른은 2016년 고엽제 후유의증으로 인해 발병한 혈액암으로 돌아가셨다. 엉뚱하고 가끔 대형 사고도 치셨던 장인어른이 아직도 그립다. 그런 분들이 2002년 12월 노무현 후보를 찍었다. 단지 사위 때문에. 지역감정을 자극해 떵떵거리며 먹고사는 정치인들은 반드시 천벌을 받기 바란다.

부동산 민심과 정책 대응의 아쉬움

다시 부동산 문제로 돌아가 보자. 참여정부 시절 수요 억제 정책으로 집값이 폭등한 적이 있다. 다른 경제 지표는 대부분 역대 정부에 비해 훨씬 훌륭했지만 집값을 잡지 못했다는 이유로 참여정부 경제 정책은 늘 비판의 대상이었다. 이 때문에 임기 초반 문재인 대통령은 부동산 정책에 있어 신중했다.

하지만 부동산 문제만큼은 일부 정책 결정자들이 정치적·학자적 신념으로 대응하면서 결과적으로 과거와 똑같은 상황이 됐다. 운도 좋지 않았다. 부동산이 오랜 침체기를 거쳐 상승 사이클이 막 시작되던 때에 임기를 맞은 것이다. 게다가 2020년 코로나 팬데믹이 발생하면서 전 세계가 무지막지하게 돈을 풀었다. 이런 상황에서 수요를 억제하겠다며 세금을 올린 건 결정적 패착이다. 금리마저 역사상 최저인 상황에서 수요 억제 정책을 편 건 문외한인 내가 보기에도 이해하기 어려웠다.

많은 사람이 부동산 문제를 정권 재창출 실패의 가장 큰 원인으로 꼽는다. 부인하기 어렵다. 나는 개인적으로 2019년 청와대 대변인이던 김의겸 선배의 흑석동 재개발 투자 건이 시발점이라고 생각한다. 한겨레 신문 기자 출신인 김 선배를 개인적으로 좋아하지만 납득하기 어려운 대목이 많았다. 물론 김 선배 나름의 사정이 있겠지만 평소 그답지 않은 허술한 구석이 너무 많았다.

그는 처음 조선일보 보도 직후 "아내가 나 모르게 계약금을 치른 상황이라 어쩔 수 없었다"는 취지로 해명했다. 하지만 재개발 투자 사실은 공직자 재산 공개 과정에서 조선일보를 통해 알려졌다. 통상 공직자 재산 신고 과정에서 문제 소지가 있는 재산상 변동 내역이 있는 경우 공직기강비서관실 등에 내부적으로 소명하게 돼 있다. 재산 신고는 매년 1~2월에 하고 최종적인 점검을 거쳐 3월 말에야 관보에 공개된다.

내가 아쉬운 대목은 신고 과정에서 미리 내부에 알리고 자진 사퇴 등 다른 방식으로 대응했다면 사태가 그렇게 커지지 않았을 것이란 부분이다. 나 같은 이름 없는 일개 비서관이 아니고 청와대 대변인이라는 상징성 때문에 더욱 아쉽다. 비서관 중에 유일하게 '대통령 비서실 비서관'이 아닌 '청와대 대변인'이라고 불리는 것도 그만큼 국민들이 느끼는 위상이 다르기 때문이다. 더욱이 그는 다른 언론사도 아니고 한겨레 신문 기자 출신이었다. 한겨레 신문은 2016년 진경준 검사장의 재산 공개 내역을 뒤져 진 검사장이 친구인 넥슨 김정주 회장에게서 받은 주식으로 거액의 차익을 챙겼다는 사실을 처음 보도한 언론이 아니었던가.

그가 언론의 공세를 못 버티고 사의를 표명한 후 청와대 구내식당에서 문 대통령과 마지막 점심을 함께했다. 5~6명이 동석했고 나는 김 선배와 나란히 문 대통령 건너편에 앉았다. 김 선배의 딱한 사정을 잘 아시는 문 대통령은 내색하진 않으셨지만 무척 마음 아파하시는 표정이었다. 그만큼 김 선배의 문 대통령에 대한 충성심과 열정을 높이 사고 계셨던 터였다. 그 일은 단순히 김 선배 개인의 문제가 아니라 우리 정부의 부동산 정책 전반에 대한 신뢰도를 떨어뜨린 일로 작용했다. 일부 언론이 노린 것도 그 부분이었고, 김 선배의 대응은 좋은 먹잇감이 된 셈이었다.

그리고 이어진 후속 대응도 국민들의 화를 키웠다. 부동산 민심이 나빠지자 우리는 그해 연말 "청와대 직원 중 다주택자는 내년 6월까지 1채만 남기고 팔아라"고 시한을 못박았다. 전문적인 투기꾼이 아니라면 50, 60대 중년이 집을 2~3채 가진 데는 나름 각자의 사정이 있기 마련이다. 물론 단순 투자 목적도 있지만 대다수는 개인적 사정상 어쩔 수 없는 경우가 많았다. 결국 모든 언론이 '6월 말'이 되자 주택 처분 여부를 물어왔다. 집이 2채인 어떤 분은 지역구 집을 팔고 강남 집을 남겼고, 어떤 분은 집을 못 팔겠다고 강하게 반발했다. 이런 내부 혼선이 국민 정서를 더욱 자극하고 말았다.

나는 스물셋에 서울 생활을 시작한 후 서른다섯에 '영끌' 해서 경기도 의왕에 장만한 집을 시작으로 지금까지 늘 30년 넘은 집에서만 살았다. 쉰이 넘어 아내와 딸의 성화로 2년 남짓 새 아파트에 전세살이를 해본 게 유일한 예외였다. 지금도 40년 된 집에 살고 있다. 가족들은 "언제 우리는 비 안 맞는 지하 주차장 있는 데서 살아보냐"고 투덜거렸다. 돌이켜 보면

집은 선택의 문제고 다분히 운이다. 낡고 불편한 집에 살면서 그 집이 개발되기를 기다릴 건지, 아니면 직장에서 가까운 새 집에서 편하게 살 건지는 온전히 자신의 선택이다. 투자 수익을 내는 데는 운과 결단력도 크게 작용한다.

나는 서울에 집 한 칸 장만하겠다고 수원의 처가 문간방에서 얹혀살며 10년 가까이 서울 광화문으로 출퇴근했다. 출근은 항상 아침 6시 언저리였고, 퇴근은 항상 밤 11시 이후였다. 왕복 70킬로미터를 매일 오가는 생활이었다. 그나마 당시엔 원래 퇴근이 늦은 정치부, 사회부 기자였기 때문에 크게 불편하다는 생각을 하지 않았던 것 같다.

친구들과 장사를 하다 접고 스물다섯에 대학에 들어간 나는 금호동 산동네 재개발 예정지의 폐가 같은 집에 방 한 칸을 얻어 자취를 한 적이 있다. 보증금 200만 원짜리 전세방은 연탄을 때는 곳이었다. 연탄가스를 마신 적도 있다. 집으로 가는 골목은 한 사람 정도 겨우 지나다닐 수 있는 미로였다. 학교에 가려면 마을버스를 타고 한참을 내려와야 했다.

그나마 1992년 중국과 수교가 이뤄진 직후 그 알량한 보증금을 빼서 북경으로 단기 어학연수를 떠났다. 2개월 동안 숙소와 식비를 합쳐서 당시 120만 원 남짓 사용하고, 갖고 간 돈에서 남은 10만 원을 들고 열흘 간 백두산 여행까지 하고 돌아왔다. 지금 생각하면 참 무모했다. 아르바이트로 근근이 생활하던 때여서 돌아와 전세를 구할 '목돈'이 없어 결국 3명이 한방을 쓰는 하숙을 시작했다. 그때 같이 방을 썼던 후배 중 한 명은 지금 국내 굴지의 대기업 부사장이 됐다. 내가 살던 금호동 산동네는 지금 고층 아파트가 빼곡히 들어섰다.

돌이켜 보면 나는 고향을 떠난 이후로 한 번도 편안하고 쾌적한 새집에서 마음껏 살아보지 못한 것 같다. 주변에선 다들 "그래도 지금 사는 건 강남 아니냐"고 부러워하지만 지금 사는 집도 40년이 된 아파트다. 그래도 무일푼으로 서울에 와서 강남에 집을 장만했다는 게 어딘가. 누군가에게는 부러움의 대상일 수 있고, 누군가는 '강남 좌파'라고 비아냥거릴지도 모른다. 젊은 후배들에 비해 기회가 많았고 단지 운이 좋았을 뿐이다. 한편으론 기회가 줄어든 후배들에게 미안한 마음이다.

그 때문에 나는 우리 정부에서 부동산 담보 대출을 아예 금지하려 할 때 이진석 상황실장을 불러 "갚을 능력이 되는 사람까지 기회를 차단하는 건 옳지 않다"고 반대한 적이 있다. 특히 젊은 세대가 볼 때는 그런 정책을 결정하는 50, 60대는 대출 규제가 없을 때 은행 돈 빌려 집을 사놓고, 자신들만 못 사게 하는 것 같으니 반발심이 들 것이었다. 청년 세대가 가장 민감해하는 공정의 문제였다. 물론 지나놓고 보니 지금처럼 금리가 높은 상황이 된 걸 감안하면 그나마 그렇게 한 게 다행이었다는 생각도 든다.

나는 스스로를 '좌파'라고 생각한 적이 없다. 아니 이념과는 거리가 멀다. 매 순간 '합리적이고 실용적인' 판단을 하면서 살아가려고 한다. 게다가 보수 신문인 동아일보에서 오랫동안 기자 생활을 한 내가 무슨 '좌파'이겠는가. 수많은 언론과 보수 진영이 '좌파' '빨갱이' 운운하며 매도했지만 내가 6년가량 가까이서 모셨던 문재인 대통령도 마찬가지였던 것 같다. 무척 엄격한 원칙주의자면서도 국정을 운영하는 과정에서는 언제나 합리적인 실용주의자였다. 무엇보다 국민을 대하는 모습은 언제나 온화하고 한없이 따뜻했다. 너무 착해서 탈이었던 것 같다.

우리 정부의 부동산 정책 실패에는 많은 원인이 있다. 운도 나빴다. 부동산이든, 주식이든 사이클이 있기 마련이다. 2006~2007년경 부동산 폭등기를 거쳐 2008년 금융 위기가 오면서 부동산은 폭락했다. 장기적인 침체를 거쳐 금융 위기 때 풀린 돈은 2014년이 되면서야 서서히 부동산에 흘러들었다. 이후 대세 상승이 시작됐다. 2020년 코로나 팬데믹은 기름을 끼얹었다. 전 세계 각국이 천문학적인 유동성을 공급하면서 자산 인플레이션이 곳곳에서 벌어졌다. 주식 시장도 활황이었고, 부동산도 상상할 수 없는 수준으로 뛰었다. 경제부 기자를 했고, 한때 동료 기자들 사이에선 '실전 투자의 고수'로 불리기도 했지만 아직도 이런 상황은 쉽게 납득하기 어렵다. 30평대 아파트 한 채가 40억 원이 넘는다는 게 상식적으로 이해할 수 있는 수준인가.

많은 '어공' 사이엔 주요 정책 결정을 할 수 있는 자리에 대학교수를 앉히는 게 적절한지에 대한 의문이 늘 있다. 물론 예외적인 사례도 많지만 대다수 교수는 평생 혼자 연구하고 강의하는 게 전부다. 조직 생활 경험도 부족하고, 실제 시장 상황과도 거리가 있다. 역대 정부에서 나는 교수 출신 장관들이 좋은 평가를 받는 걸 본 적이 별로 없다. 개인적인 역량과 연구 실적이 뛰어난 것과 조직을 이끌고 현장에 밀착된 정책을 만들어내는 것은 거리가 있다. 가장 큰 문제는 대다수 주요 자리에 임명된 교수 출신들은 자신의 분야에서 일가를 이룬 분들이라 자기 확신이 지나치게 강하다는 것이다.

당시 언론에도 일부 보도된 적이 있지만 우리 정부에서 부동산 정책을 둘러싸고 '정무적' 판단이 우선인 '어공'들과 교수 출신 장관이나 수석비서관 간의 갈등은 끊이지 않았다. 회의 석상에서 고성이 오가기도 했다. 가장 아쉬운 대목은 15년 전 참여정부에서 실패했다고 비판을 받은 부동산 정책을 우리가 다시 고집했다는 점이다. 국내 굴지의 대기업 건설사 임원을 지낸 한 친구는 "역사상 최저 금리에 돈도 그리 많이 풀렸는데 주택 공급을 억제하고 온갖 규제를 해서 무슨 집값을 잡겠다는 거냐"며 "임기 초반부터 대규모 공급에 대한 확신만 심어줬으면 그 정도로 주택 구입에 몰두하진 않았을 것"이라고 비아냥거렸다.

자고로 세금을 올리고 정권이 다시 잡을 거라고 기대하는 건 순진한 발상이다. 부동산 문제를 정치적으로 접근하는 방식 자체가 근본적으로 잘못된 접근이다. 나는 개인적으로 좋은 것을 갖고 싶어 하고, 투자를 해서 수익을 내고 싶어 하는 인간의 기본적인 욕망을 정책으로 막아보겠다는 게 가능한지에 대해서도 늘 회의적이다. 물론 그런 심리를 적절하게 조절하는 게 정부의 역할이긴 하지만.

성공한 외교와 대통령의 역할

2023년 5월 윤석열 정부는 코로나 비상조치 해제를 선언했다. 그리고 우리 정부의 방역 정책에 대해 "정치 방역이었다"고 폄하했다. 어이가 없다. 문재인 정부 5년을 청와대에서 생활한 나로서는 도저히 받아들일 수 없는 모욕이다. 그 5년간 문재인 대통령과 우리 정부가 어떻게 지냈는지를 가까이서 지켜봤기 때문이다. 물론 2020년 코로나 발생 초기엔 마스크 공급 부족으로 잠시 혼란을 겪은 적도 있다.

문 대통령이 재임 기간 중 화를 내신 몇 안 되는 순간 중 하나였다. 당시 관련 부처에서는 마스크 대란이 벌어지고 있는 상황에서도 "마스크 공급에 큰 문제가 없을 것"이라는 보고

가 올라오고 있었다. 하지만 이미 생활 현장에선 마스크를 사기 위해 약국 앞에 길게 줄을 서고 있을 때였다. 그 당시 나 역시 순천에 사는 지인들로부터 마스크 공급 문제에 대한 전화를 여러 통 받았다. 돌이켜 보면 참 황당하고 운이 없었다는 생각도 든다. 100년에 한 번 있을까 말까 하는 팬데믹이 하필 우리 정부에서 발생하다니….

그때만 해도 코로나가 3년 넘게 지속될 거라고 생각한 사람은 거의 없었다. 중국인 입국 금지를 요구하는 당시 보수 야당과 언론의 공격도 거셌다. 하지만 문 대통령의 의지는 확고했고, 판단은 현명했다. 전임 정부에서 기습적인 '사드 배치'로 악화된 중국과의 관계를 고려할 때 더더욱 과학적 근거도 없고 원칙도 없는 정치적 결정을 할 상황이 아니었다. 당시 '중국인 입국 금지 요구'를 했던 현재 집권 여당과 일부 언론이 '정치 방역'을 요구했던 장본인 아닌가.

우리 정부 출범 직후 상황으로 잠시 돌아가 보자. 2017년 가을은 한반도에 전쟁의 먹구름이 떠돌았다. 한반도 주변 4강 최고 권력자는 공교롭게도 우리로서는 역대 최악의 리더들이었다. 트럼프, 시진핑, 아베, 푸틴. 특히 그해 여름을 지나 가을로 접어들면서 북한은 연일 미사일과 핵 실험을 해댔다. 좌충우돌 트럼프 미국 대통령은 북한에 대한 '선제타격'을 공공연히 떠들었다. 시진핑 주석을 비롯해 중국 지도부는 박근

103　　　　　　　　　　　　　　　　1부. 아랫장 막둥이 청와대 비서관이 되다

혜 정부에서 '사드 배치' 문제로 뒤통수를 가격당한 후 한국에 대한 감정이 매우 좋지 않았다.

그해 겨울 문재인 대통령을 수행해 중국을 방문했다. 일부 언론과 극우 진영에선 "혼밥을 하고 왔다"고 비난 일색이었다. 나는 그날 아침 그 식당에 있었고, 시진핑 주석 등과의 정상 회담장에도 배석했다. 모든 걸 직접 지켜본 나로선 도저히 그런 비난을 받아들일 수 없다. 오바마 미국 대통령은 2016년 베트남 한 서민 식당에서 일행 1명과 단둘이 식사한 적이 있고 이 식당은 관광객이 줄을 잇는 명소가 됐다. 문 대통령이 중국 서민들이 찾는 식당에서 아침 식사를 하고 난 이후 중국인들의 반응은 뜨거웠다. 게다가 당시엔 '사드 배치'에 대한 보복으로 중국이 자국민의 한국 단체 관광까지 막아버린 상황 아니었던가.

첫 정상 회담 분위기도 싸늘했다. 당연한 것 아닌가. 스스로 세계의 중심이라고 자부하는 국가가 아직도 자신들의 변방에 있는 일개 성(城) 정도로 취급하는 한국에 뒤통수를 얻어맞았는데 엄청난 환대를 기대하는 것 자체가 난센스 아닌가. 중국의 싸늘함을 해소하고 중국 단체 관광 금지 조치를 푸는 데 꼬박 2년이 걸렸다. 그 과정에서 우리 정부 외교 당국 관계자들뿐 아니라 문 대통령의 끈질긴 설득과 노력이 주효했음은 언젠가는 밝혀질 것이다. 베이징 서민 식당 '혼밥'도 정교하게 기획된 일정 중 하나였고 상당한 효과를 거뒀다.

일본과의 관계는 더했다. 아베 총리를 포함해 일본 보수 우익 진영은 위안부, 강제 징용 노동자 문제 등 역사 문제로 우리 정부에 노골적으로 불만을 토로했다. 심지어 아베 총리는 2018년 평창 동계올림픽 참석차 방한해 문재인 대통령과 가진 정상 회담에서 매우 무례한 행태를 보이기도 했다. 그때 정상 회담 분위기는 일부 신문에 보도되기도 했다. 당시 정상 회담장에 배석해 있던 나는 아베 총리의 무례함에 무척 분개했다.

급기야 일본은 2019년 8월 한국에 대해 수출 규제 조치를 해왔다. 우리가 할 수 있는 건 일본과의 '군사정보 비밀협정(GSOMA) 종료' 외엔 마땅히 맞대응 카드가 없었다. 당장 한국 반도체 등 첨단 산업의 타격이 불가피한 심각한 상황이었다. 당시 청와대 내 소위 전문가라는 많은 참모가 일본과의 관계 개선을 건의했다. 사실상 일본의 비열한 조치에 무릎을 꿇자는 거나 다름없었다.

하지만 문 대통령은 단호했다. 그해 9월 '지소미아'를 종료하고 일본의 수입에 전적으로 의존하던 '소재·부품·장비' 산업 자립을 선언했다. 그리고 불과 1년여 만에 그동안 산업화 이후 수십 년 동안 아예 꿈도 꾸지 않고 살았던 '소부장' 산업의 국내 자립이 현실이 됐다. '소부장' 산업의 독립이 이뤄진

2017년 7월 오바마 미국 전 대통령 방한. 문재인 대통령과 면담 후 악수

셈이다. 이 때문에 오히려 한국 수출로 먹고살던 일본 내 '소부장' 기업들의 자국 정부에 대한 원성이 높아졌다.

2020년 1월 청와대 내부에선 임기 후반부로 접어들면서 악재를 털고 의욕적으로 일하자는 분위기였다. 불운이었다. 1월 말 국내에서 첫 코로나 확진자가 발생했다. 무척 발 빠르게 초기 대응을 해나갔다. 각국에서 도움 요청이 이어졌다. 문 대통령의 지시로 재외 동포까지 챙겼고, 미국 등 이른바 그동안 선진국이라고 불리던 나라에도 지원 물품을 보냈다. 코로나 대응 매뉴얼을 묻는 각국 정상들의 전화가 쇄도했다. 서방 핵심 국가들의 모임인 G7 회의에 초대받은 문 대통령은 가장 주목받은 참석자였다. 한반도에 나라가 만들어진 이후 처음으로 세계의 중심이 된 것이다.

내가 가까이서 지켜본 대한민국 대통령의 역할은 8할이 외교인 듯하다. 분단 상황에서 수출로 먹고살아야 하는 나라인 만큼 어쩔 수 없는 일이다. 문 대통령은 재임 때나 퇴임 이후에도 가장 높은 평가를 받는 분야가 외교다. 2017년 임기를 막 시작할 때 우리 외교는 사실상 파탄지경이었다. 첫 해외 순방 때 한국의 대통령을 바라보는 해외 정상들의 표정은 그다지 밝지 않았다. 어쩔 수 없었다. 전 대통령이 사적인 인연에 의해 국정을 운영하다 탄핵까지 됐으니 그 나라를 어찌 보겠나. 지금 정부에 대해서도 내가 가장 우려하는 건 외교

파탄이다.

아쉬움도 있다. 마스크 공급을 둘러싼 혼란이었다. 관련 부처에서 올라오는 보고서에 적힌 숫자로는 아무런 문제가 없는 듯했다. 하지만 현장과 숫자는 분명히 차이가 있다. 기자 시절 수없이 목격한 일이다. 나는 관련 비서관들에게 "현장 상황은 다르다"고 여러 차례 얘기했다. 당시 나는 순천 지인들로부터 "약국 여러 군데를 다녀도 마스크를 살 수가 없다"는 전화를 여러 통 받았다. 나는 선거 때는 물론 청와대 생활 내내 문 대통령이 여러 사람 앞에서 화를 내는 걸 본 적이 거의 없다. 그분은 칭찬에 인색하지만 화를 내는 데도 무척 인색하다. 하지만 이때 그는 참모들에게 크게 화를 냈다.

평소 문 대통령은 참모들의 잘못에 직접적으로 감정을 잘 드러내지 않았다. 회의 석상에서는 주로 '질문'을 계속 던졌다. 임기 초반 수석보좌관 회의에서 모 비서관이 보고를 한 적이 있다. 내용이 당초 기대했던 것과 다소 차이가 있었다. 문 대통령은 계속해서 질문을 던지기 시작했다. 해당 비서관은 질문의 핵심에서 벗어나 계속 엉뚱한 답만 했다. 하지만 문 대통령은 끝내 감정을 드러내지 않고 질문 공세를 끝냈다. 그리고 그 비서관은 얼마 후 '개인 사정'을 이유로 청와대를 떠났다.

몇 달이면 끝날 줄 알았던 코로나 팬데믹은 임기가 끝날 때까지 우리 정부의 발목을 잡았다. 정권이 보수 진영으로 넘어가자 새 정부는 물론 언론도 연일 우리 정부를 깎아내리기 바쁘다. 너무 자연스러운 현상이다. 특히 현 정부는 임기 시작부터 국민들로부터 외면당하기 시작했고, 지지율이 임기 말에나 볼 수 있는 수준을 벗어나지 못하고 있으니 당연한 일이다. 게다가 검찰 정부 아닌가. 검찰을 동원해 전 정부를 때리는 것 외에 할 수 있는 게 없지 않은가. 안타까운 건 우리 지지층 내부에서조차 "5년간 한 게 뭐냐"는 식의 비난이 있다는 사실이다. 물에 빠진 사람 건져놓으니 보따리 내놓으라는 격이다.

나는 개인적으로 2017년 말까지 박근혜 정권이 유지됐으면 대한민국이 어떻게 됐을까, 코로나 팬데믹이 박근혜 정부에서 발생했으면 어땠을까 하는 상상을 해본다. 2017년 가을 한반도에 전쟁이 일어나지 않았으리라고 누가 자신 있게 말할 수 있을까. 2015년 봄 발생한 메르스 유행 당시 우리나라는 186명이 확진됐고, 그중 38명이 사망했다. 확진자 4명 중 1명이 사망한 셈이다. 단 두 달 남짓 동안 벌어진 일이다.

만약 당시와 같은 미숙한 대응이 이뤄졌다면 코로나로 인한 사망자 수는 상상을 초월하는 수준이었을 것이다. 2023년 5월 기준으로 국내 확진자 수 3,200여만 명 중 사망자는 3만여 명이었다. 물론 적은 수는 아니다. 한 분 한 분이 소중한 목숨이다. 그래도 1,000명 중 1명 정도다. 단지 숫자로만 비교하더라도 정말 끔찍한 상황이 벌어졌을 것 같다. 문 대통령은 코로나 초기부터 사망자를 줄이는 데 국가적 자원을 총동원하도록 지시했고, 실제로 확진자 대비 사망률은 세계에서 손꼽힐 정도로 우수한 성과를 거뒀다. 지금에 와서야 일부에서 "정치 방역을 했다"고 비난한다. 만약 그때 철저한 방역을 하지 않아 수많은 사람이 죽어 나갔다고 해도 그런 비난을 할 수 있을까.

기자 시절 나는 정부를 비판하는 기사를 많이 썼다. 대부분 피상적이고 단편적인 정보를 토대로 한 얄팍한 기사였다. 단지 특종 욕심에 무리한 기사도 많이 썼다. 하지만 정작 정부 핵심에서 직접 경험해 보니 밖에서 보던 것과 무척 달랐다. 정말 하루하루가 피 말리는 순간의 연속이었다. 나는 청와대 내 '어공' 후배들을 만나면 "100억 원을 준다고 해도 우리는 대통령을 못 할 것 같다"고 우스갯소리를 하곤 했다.

곁에서 본 대통령직은 정말 '극한 직업' 그 자체였다. 어느 한순간도 마음을 놓을 수 없는 자리라는 걸 보기만 해도 느낄 수 있었다. 임종석 전 비서실장의 입을 통해 일부 알려진 일이지만, 한때 문 대통령의 건강에 중대한 상황이 벌어지기도 했다. 세종에서 열리는 부처 업무 보고차 헬기로 이동을 앞두고 아침 일찍 김정숙 여사께서 임 전 실장에게 전화했다.

"대통령님이 이상하시다." 임 전 실장은 다급히 관저로 올라갔고, 식은땀을 흘리고 있는 문 대통령을 발견했다. 제대로 걷기조차 힘든 몸이었지만 그는 한사코 헬기를 타러 나가시겠다고 고집했다고 한다. 임 전 실장은 그 순간 기지를 발휘했다. 곧바로 이낙연 총리에게 전화를 해 "부처 보고 행사를 연기하셔야겠습니다"라고 하고 언론에 문 대통령님이 사흘간 휴가를 가신다고 공지를 해버렸다. 그렇게라도 하지 않으면 하루도 제대로 쉬지 않을 분이라는 걸 너무도 잘 알고 있었기 때문이다. 반강제적으로 휴가를 보내드린 것이다. 지금이야 이때 일을 웃으면서 얘기할 수 있지만 당시 상황을 돌이켜 보면 아찔한 순간이었다. 하지만 나는 요즘 '지난 5년간 뭐하러 그리 몸을 아끼지 않고 일을 하셨나'라는 회의만 든다. '허망하다'는 표현이 적절할 듯하다.

측근이 없었던
이상한 청와대

"문재인 정부가 이전 정부와 다른 가장 큰 특징이 무엇인 것 같습니까?"

우리 정부 임기가 끝날 때쯤 나는 청와대를 출입하는 후배 기자들을 만나면 이 질문을 자주 하곤 했다. 선뜻 답을 하는 후배가 없었다. 참여정부에서 민정수석과 비서실장을 지낸 적 있는 문 대통령은 이전 대통령과 확연히 달랐다. 가장 큰 특징은 청와대 내에 과거 정부와 유사한 개념의 '측근'이 없었다는 것이다. 측근이 없으니 당연히 '측근 비리'가 생길 리 만무했다.

군사정권 때부터 박근혜 정부에 이르기까지 우리는 매번 어김없이 임기 중반쯤 접어들면 측근 비리, 친인척 비리로 몸살을 앓았다. 하지만 우리 정부에서는 임기 5년 동안 단 한 건의 측근 비리도 발생하지 않았다. 더욱이 검찰이 청와대를 공격하기 위해 호시탐탐 노려보고 있는 상황에서도 이렇다 할 사건이 없었다.

"유일한 측근 비리는 의전비서관이 음주 운전으로 그만둔 사건인 것 같다."

나는 기자들에게 농담조로 얘기하곤 했다. 사실 김종천 의전비서관의 음주 운전 건도 실상을 알고 나면 허무한 사건이었다. 의전비서관실의 한 직원이 보직 이동을 하게 돼 환송회를 하고 난 후 김 전 비서관이 대리기사를 불러놓고 골목 안주차장에서 큰길까지 차를 이동시킨 게 전부였다. 물론 골목도 도로인 만큼 음주 운전에 해당한다. 과도한 친절을 베풀다 빚어진 사고였다. 김 전 비서관은 이런저런 변명을 하지 않고 이튿날 곧바로 사표를 제출했다.

많은 사람이 그의 이른 낙마를 아쉬워했다. 의전비서관에 임명된 지 불과 5개월 남짓밖에 안 돼 청와대를 떠나게 된 것이다. 김 전 비서관은 임종석 전 비서실장과 대학 시절부터 30년 가까이 생사고락을 같이했다. 재능이 많고 친화력이 뛰어나 내부에서도 많은 역할이 기대되고 있었다. 문 대통령도 그를 무척 아꼈다. 사표를 내고 나간 후 문 대통령이 그에게 선물과 함께 편지를 보냈다. 김 전 비서관은 얼마 후 내게 "형, 그 편지를 받고 정말 많이 울었어요"라고 했다. 그와 나는 오

랫동안 형, 동생이다. 우리 사이에선 '북한 사람'으로 불릴 정
도로 투박하게 생긴 그가 눈물을 흘렸다고 했다.

문 대통령은 과거 정부에서 비리가 자주 발생했던 청와대
내 핵심 요직을 과거처럼 '측근'이 아니라 '실무형 참모'로 배
치했다. 엄밀히 말하면 그는 아예 청와대 내에 과거와 같은
개념의 '측근'이 생길 소지를 차단한 셈이다. 과거 '문고리 권
력'으로 불리던 부속실장에는 송인배, 조한기, 신지연 등이 기
용됐다. 3명 모두 측근이라고 부르기엔 한계가 많다.

조 전 비서관은 한명숙 전 총리 사람으로 분류되고 신 전 비
서관은 삼성에서 일한 변호사 출신이다. 한때는 '수석비서관'
이었던 총무비서관 자리는 아예 기획재정부 관료 출신(이정도)
에게 5년 내내 맡겼다. 의전비서관 탁현민은 언론이 측근이
라고 부르긴 했으나 그 업무에 가장 적합한 실무형 참모였을
뿐이다.

탁 전 비서관에 앞서 그 자리는 외교부 출신 관료가 맡았
다. 연설비서관은 시인, 기록비서관은 기자 출신에게 맡겨 놓
고 5년 내내 자리를 바꿔주지 않았다. 그나마 측근이라고 불
릴 만한 참모는 윤건영 상황실장 정도였지만 그가 떠난 이후
로 그 자리는 서울대 의대 교수인 이진석 비서관이 맡았다.
그야말로 맡은 업무에 가장 적절한 사람을 기용할 뿐 특정인
에게 힘이 쏠려 비리가 발생할 소지를 원천적으로 차단한 셈

이다. 이런 청와대 내부 인사 시스템은 참여정부 때 경험이 작용한 것으로 보인다.

앞으로도 대통령 비서실이 측근 없이 운영되는 정부가 또 나올 수 있을까. 한편으로 생각해보면 측근이 없다는 점은 관료(늘공)와 어공으로 채워진 청와대 비서실 조직을 효율적으로 운영하기 어려울 수 있다는 것을 의미한다. 직원들 대다수가 각 부처와 여의도 정치권에서 구를 만큼 구른 '선수'들인 만큼 힘이 센 누군가가 강력하게 추동하지 않으면 자발적으로 움직이지 않을 가능성이 크다. '실세' 없이 청와대 비서실이 굴러가기 위해선 한 명 한 명의 직원들이 각자 나름의 사명감을 절대적으로 가질 필요가 있다. 문재인 정부에서 유난히 5년 만기 근무자가 많았던 건 우리 정부에 대한 국민적 지지가 높아 '어공'이든 '늘공'이든 청와대 근무에 대한 자부심이 남달랐다는 점이 작용한 듯하다. 특히 한 사람 한 사람이 자신으로 인해 대통령과 우리 정부에 누가 되지 않도록 늘 스스로 조심했던 것 같다.

측근이 없다 보니 임기 5년 내내 청와대 내부의 '권력 다툼'이나 '알력 다툼' 같은 말이 나오지 않았던 첫 정부였다. 대통령 비서실에는 대략 400~500명 정도가 근무한다. 정부 부처에서 파견 나온 늘공이 60% 정도고, 나머지는 나 같은 어공이 채웠다. 역대 정부를 보면 내부 권력 다툼은 어공들 사이에서 주로 생긴다. 어공은 같은 대통령 선거 캠프 출신이라고 해도 정치적 '줄(계보)'이 다른 경우가 많다. 이 때문에 어느 한쪽이 힘이 세지면 다른 쪽이 견제와 시기를 하기 마련이다. 문재인 정부 청와대에 이런 알력이 전혀 없었다고 할 순 없지만 겉으로 드러날 만큼 눈에 띈 일은 없었다.

이렇다 할 친인척 비리도 없었다는 점도 기록될 만한 일이다. 문 대통령은 전임 정부가 탄핵에 이른 근본 원인이 '공(公)·사(私)' 구분을 제대로 못 한 데 있었다는 점을 잘 알고 있었다. 임기 내내 보수 야당은 김정숙 여사나 자녀와 관련된 루머를 생산해 냈고, 임기가 끝나고 검찰을 동원해 샅샅이 털고 있지만 별 성과가 없는 모양이다. 문 대통령을 잘 모르고 만들어낸 이야기가 대부분이었다. 문 대통령은 공적인 업무만큼은 사적인 인연이 개입되는 걸 극도로 싫어했다. 그는 참모들이 아무리 좋은 성과를 올려도 공식 회의 석상에서 칭찬하는 일도 거의 없었다. 특정인을 여러 사람 앞에서 칭찬하면 나머지 사람들이 시기할 수 있다는 생각인 듯했다. 그렇다고 공개적으로 아랫사람을 질책하는 경우도 내 기억으로는 거의 없었다.

임기 5년을 처음부터 끝까지 고른 지지를 받으며 '풀코스 완주'한 첫 대통령이지 않을까 싶다. 김대중 전 대통령은 고령으로 인한 건강 문제 등으로 임기 말 사실상 정상적인 통치가 어려웠다. 그 자리를 박지원 비서실장이 대신한 것으로 알려져 있다. 이명박 전 대통령은 임기 시작과 함께 광우병 사태로 비틀거리기 시작했고, 연이은 가족·측근 비리 등으로 통치 기반이 흔들렸다. 박근혜 전 대통령은 아예 임기를 다 채우지도 못했다. 탄핵 위기와 각종 친인척·측근 비리로 지지율이 급락했던 노무현 전 대통령도 온전히 완주했다고 보긴 힘들다. 김영삼 전 대통령도 가족·측근 비리 외에도 외환 위기까지 초래하면서 임기 5년을 전력 질주했다고 보기 어렵다. 그런 면에서 문재인 대통령은 임기가 끝나는 2022년 5월 9일 오후 6시까지 온전히 5년을 쉬지 않고 일했다.

청와대에 5년간 근무하면서 입버릇처럼 어공 후배들에게 한 우스갯소리가 하나 있다. "청와대 주인은 우리가 아니다." 실제 그랬다. 대통령은 길어 봐야 5년짜리 임시직이고, 참모들 역시 마찬가지다. 청와대에는 20년, 30년 동안 근무한 분들이 있다. 구내식당 영양사, 이발소 직원 가운데 청와대에서 정년을 맞는 분들도 있다. 그야말로 청와대가 직장인 분들이다. 나는 청와대 내에 있는 이발소를 애용했다. 요금도 저렴하고 가까워서 이용이 편리했기 때문이다. 물론 저렴한 만큼 질은 보장하지 못한다. 그때그때 다르다. 지금 정부가 권력이 무한한 것처럼 행동하고 있지만 길어야 5년이다. 겸손하지 못한 권력은 반드시 대가를 치르는 날이 온다.

국무회의 시작 전 배석한 동료 비서관들과 환담, 왼쪽에서 두 번째

견고한 기득권
카르텔

기자 생활을 하면서 나는 주로 정치부, 사회부, 경제부에서 근무했다. 그러다 보니 운 좋게 대한민국의 핵심 영역을 구경할 기회가 많았다. 사회부에선 주로 검찰, 법원을 담당하면서 판검사들을 많이 만났다. 2004~2007년 검찰 출입기자 시절에는 많은 특종을 해 나름 주가를 올렸던 것 같다. 하지만 기자를 그만두고 정치권으로 옮겨 한 발 떨어져 대한민국 언론을 보니 내가 썼던 기사들이 그다지 자랑스럽지 않았다. 돌이켜 보면 검찰이 흘려주는 사건 관련 내용을 다른 기자보다 먼저 썼을 뿐이었다. 단지 유력 언론 중 하나인 동아일보 법조팀 기자였을 뿐이다. 현 정부가 들어서면서 새삼 대한민국에선 검찰 권력이 가장 막강하다는 사실을 나는 매일 확인하고 있다.

혹자는 대통령을, 혹자는 재벌 총수를 최고 권력자로 꼽는다. 하지만 내가 경험한 대한민국은 20년 전에도 그랬듯, 지금도 역시 검찰 권력이 가장 위에 있다. 민주당이 매일 검찰 정부에 얻어터지는 건 어찌 보면 '정보의 불균형'에서 오는 어쩔 수 없는 일인지도 모른다. 검찰에는 머리 좋은 검사 2,000여 명에 수사관 등 직원까지 합치면 1만 명이 넘는 직원이 있다. 게다가 엄청난 정보를 갖고 있다.

여기에 용산 비서실에는 경찰, 국정원, 군 정보기관 등에서 매일 엄청난 정보가 올라온다. 민주당은 기껏해야 국회의원 150명 남짓에 보좌진까지 합쳐 1,000명 남짓이다. 물론 뒤에 국민들이 있다. 하지만 갖고 있는 정보의 수준이나 양으로 비교하면 상대가 되지 못한다.

"형님, 대한민국에서 정상적인 상황에서 선거를 치르면 진보 정당이 정권을 잡을 수 있을까요"

출마를 결심한 후 여의도에서 민주당 민형배 의원과 둘이 저녁을 같이한 자리에서 물었다. 민 의원은 청와대에서 같이 근무했던 형이다. 이재명 대표가 지난번 대선에 출마했을 때 청와대 출신 인사 중 가장 먼저 이 대표 지지를 선언한 의원이다. 그 역시 나와 똑같은 생각이었다. 문민정부가 들어선 1992년 이후 아직껏 민주당은 정상적인 상황에서 자력으로 정권을 잡아본 적이 없다. 김영삼 전 대통령은 '3당 합당'으로 당시 노태우 대통령이 이끌던 여당과 손을 잡고서야 집권에 성공했다. 김대중 전 대통령도 외환 위기(IMF) 와중에도 불구하고 한때 5·16 군사 쿠데타 주역 김종필 전 총리(JP)와 연합까지 한 다음에야 이회창 한나라당 후보에게 가까스로 승리했다. 득표율 차이는 1.53%에 불과했다.

문재인 대통령은 박근혜 전 대통령이 국정농단 사건으로 탄핵되면서 비교적 손쉽게 승리했지만 득표율은 41.08%에 그쳤다. 게다가 자유한국당 홍준표 후보(24.03%)와 국민의당 안철수 후보(21.41%)의 득표율 합계는 오히려 문재인 후보보다 높았다. 안철수 후보가 출마하지 않았다면 승리를 장담하기 어려웠다는 얘기다.

내가 기자로, 청와대 비서관으로 관찰한 대한민국에선 진보 정당의 집권을 바라는 주류 집단은 단연코 없다. 검찰을 포함한 권력기관, 관료 집단, 기업, 언론 등 대한민국의 여론을 주도하는 세력은 민주당의 집권을 극도로 싫어할 수밖에 없다. 70년 동안 누려온 특권을 뺏기지 않으려는 검찰의 반발은 당연하다. 주류 언론 역시 마찬가지다. 진보 정당이 집권하면 그동안 조용히 누려온 온갖 특혜를 유지하기 어려운 일이 벌어진다. 재벌 기업은 "각종 규제와 과도한 세금 때문에 기업 활동을 위축시킨다"고 주장한다. 기업에서 온갖 명목으로 돈을 뜯어내는 일은 대부분 보수 정권하에서 이뤄졌음에도 그렇다. 과거 동아일보에 있을 때 기업 관계자들을 개인적으로 만나면 "노무현 정부 때가 기업 하기에 가장 좋은 시절이었다"고들 했다.

관료 집단도 민주당이 집권하면 불편할 수밖에 없다. 기본 습성이 보수적인 관료 집단은 진보 정부가 들어서면 "업무 방식을 바꿔보자, 새롭게 해보자"며 '혁신' '개혁' 이런 단어를 자주 쓰니 피곤해한다. 그냥 수십 년간 해온 방식대로 일하면 편할 텐데 민주당 정부가 들어서면 당장 모여서 함께 회의하는 것 자체가 피곤한 일이 된다.

현 정부가 들어선 이후 용산 대통령실 회의에 참석한 한 정부 부처 공무원의 전언이다. A는 문재인 정부 대통령 비서실 회의에도 자주 참석했었다. A는 "현 정부가 들어선 이후 공무원들 사이엔 너무 편하다는 이야기가 있다"며 "대통령실 회의도 전혀 부담이 없다"고 했다. 기본적으로 대통령실에서 '지시 사항'이 사라졌다고 했다. 통상 대통령 비서실은 주중에는 매일 아침 8시쯤 각종 현안을 점검하고 주요 사안에 대해 각 부처에 대응 방안 마련을 요청한다. 그중 우선순위에서 가장 높은 '대통령 지시 사항'은 시급을 다퉈 처리해야 하는 업무다. 하지만 현 정부가 들어온 이후 이런 '지시 사항'이 사실상 사라졌다는 얘기다. 그게 어떤 의미인지는 각자 상상에 맡긴다.

현 정부 대통령실에서 열리는 부처와의 회의도 사뭇 달라졌다고 한다. 회의에 참석한 부처 공무원이 준비해온 내용을 보고하면 그걸로 회의 끝, 대부분 '무사통과'라고 했다. 우리 정부 청와대 회의가 부처 공무원들에게 긴장과 공포의 대상이었던 것과 비교하면 상전벽해다. 심지어 나와 함께 선거를 치렀던 모 비서관은 담당 부처 공무원들을 너무 심하게 '쪼았다'는 이유로 공무원들이 불만을 제기해 비서실에서 쫓겨난 일이 있을 정도였다.

나는 그가 권고사직 통보를 받던 날을 잊을 수 없다. 나이도 같고 선거 때부터 함께 일을 했기 때문에 친구처럼 지냈다. 그날 오후에도 그는 회의 중이었다. 자신이 권고사직 대상이 될 거라는 걸 전혀 눈치채지 못한 것이다. 나는 지금도 왜 그렇게 일 처리를 했는지 의문이다. 최소한 마음의 준비를 할 수 있도록 당사자에겐 미리 귀띔이라도 해주는 게 예의 아닌가.

"진보 정권은 필요할 때 사람을 데려다 쓰고 용도가 끝나면 아무도 신경 쓰지 않는다"는 정치권의 오랜 비판을 새겨야 할 듯하다. 물론 정권을 잡아본 기간이 짧아서 경험 부족일 수 있다. 나는 그 비서관처럼 사전에 아무런 예고 없이 청와대를 떠난 '어공' 비서관을 여럿 목격했다. 비서관 인사가 무슨 총리나 장관 인사도 아니고 엄청난 보안이 필요한 것도 아닌데 섬세하지 못한 일 처리가 너무 아쉬운 대목이었다. 그날 그의 서운하고 황망해하던 얼굴이 떠오른다. 물론 대통령이 세세한 비서관 인사까지 인지하고 있을 리는 만무하다. 비서실 내 인사를 하는 누군가의 신중하지 못한 업무 처리 방식으로 상처를 입은 직원들이 많았다. 대한민국 주류 집단의 암묵적 '카르텔'이 견고한 상황에서 함께 일한 사람마저 돌아선다면 민주당이 다시 집권할 수 있을까. 설령 천운으로 다시 집권에 성공한들 몸 바쳐 일할 사람이 있을까.

지난 20대 대통령 선거는 대한민국에서 주류 집단 사이의 암묵적 '카르텔'이 얼마나 견고한지를 여실히 보여준다. 보수 정당은 자신의 주군(박근혜)을 구속한 검사 출신을 대통령 후보로 내세웠다. 그만큼 절실했음을 보여주는 대목이지만 한편으론 '카르텔'의 일원이라는 점에서 내부의 반발은 거의 없었다. 전혀 준비되지 않은 검사 출신 후보는 '정상적'인 상황에서 치러진 선거에서 승리했다. 민주당 일각에선 득표율 차이가 0.73%에 불과했다며 선거 결과를 자의적으로 해석하고 있지만 내가 보기엔 기적 같은 일이다.

민주당의 노력으로 인한 결과라고 보기 힘들다. 나는 선거 일주일 전만 해도 10%포인트 이상을 뒤지던 민주당 후보가 그 정도로 근접한 건 순전히 국민의힘 덕분이라고 본다. 20, 30대 중 남성 표만 끌어들이는 전략이 역으로 여성 표가 막판에 민주당 후보에게 몰리게 한 것이다. 결국 이 선거는 국민의힘의 전략이 완전히 주도한 선거였다. 그럼에도 불구하고 나는 선거 당일까지도 민주당 후보가 승리할 거라는 기대를 접지 않았다.

"어떻게 될 것 같아?"

선거를 하루 앞두고 이철희 정무수석이 내 방을 찾아와서 물었다. 이 수석은 과거 국회의원 보좌관 시절부터 알고 지낸 형이었다. 나는 그때도 "이길 것 같은데요"라고 했다. 일정 부분 희망이 섞이긴 했지만 국민들에 대한 믿음이 있었다. 나는 국정농단 사건과 박근혜 대통령 탄핵을 거치면서 우리 국민들이 이전과는 완전히 달라졌다고 생각했다. 권력의 민낯을 목격한 국민들이 '카르텔'의 맨 앞에 선 검찰 출신을 대통령으로 선택하진 않을 거라는 확신이 있었다.

이런 기대와 확신은 한낱 꿈이었다. 대한민국은 여전히 이 기득권 '카르텔'에 의해 굴러가는 나라였고, 언론과 검찰의 파상공세에 이재명 전 민주당 대표는 선거가 끝나고도 2년 가까이 수사를 받고 있다. 통상 대통령 선거 과정에서 각종 고소·고발을 하지만 선거가 끝나면 취하하는 게 그동안의 정치적 관례였다. 이런 관행과 관례도 현 정부에선 찾아보기 힘들다. 카르텔의 핵심축인 주요 언론의 행태도 마찬가지다.

"우리 때는 취임 후 몇 달 만에 '수사 피로감' 운운하면서 검찰 수사 중단을 요구하더니 정권이 바뀌니 2년 가까이 온통 수사만 하고 있어도 아무 얘기를 안 하네?"

요즘 후배 기자들을 만나면 내가 자주 하는 말이다. 사실 우리 정부가 시작할 당시만 해도 국민들은 대한민국에 누적된 적폐를 털어낼 것을 요구하는 목소리가 높았다. 우리 정부에게 주어진 의무였다. 당연히 검찰과 국정농단 특검은 전 정부의 '적폐'에 대한 수사를 강도 높게 할 수밖에 없는 분위기였다. 하지만 그마저도 그해 연말 문무일 검찰총장이 나서서 '수사 피로감'을 언급하면서 언론도 수사를 그만하라는 식의 보도를 하기 시작했다. 채 7개월도 안 된 시점이었다. 결국 그 높았던 '적폐 청산' 요구의 목소리는 그리 오래가지 못하고 힘을 잃었다. 막강한 '카르텔'의 힘이었다.

이 카르텔의 앞줄에 서 있는 언론에서 나는 20년 가까이 기자로 살았다. 돌이켜 보면 나는 그 카르텔 속에서 비교적 편안하고 안락한 삶을 누려온 듯하다. 하지만 나 같은 비주류는 그 카르텔의 변방에 머물며 구색 갖추기 용도로 쓰였을 뿐 주류가 될 수는 없었던 것 같다. 혹자는 '기자도 하고 청와대 비서관까지 한 당신이 무슨 비주류냐'며 비난할 수도 있다.

물론 대다수의 국민들 눈으로 보면 나 역시 분명 주류 중의 주류로 꼽힐 만하다. 하지만 내가 목격한 대한민국의 주류 사회에서 카르텔을 구성하는 핵심 요소를 나는 하나도 갖추지 못했다. 지연, 학연, 혈연… 물론 가끔 예외적인 '성공 신화'가 등장하기도 한다. 하지만 이들은 그 카르텔을 더욱 견고하게 만드는 '양념'에 불과하다. 지역 갈등을 조장하거나 자극하려고 하는 얘기가 아니다. 나는 그 점에서 민주당 일부 인사들도 어쩌면 또 다른 카르텔을 만들고 자기들만의 작은 성에서 안락하게 살고 있다고 본다.

알 수 없는
인생

2017년 5월 9일 제19대 대통령 선거 당일 자정. 민주당 선거대책위원회 공보실 직원들이 한자리에 모였다. 임기 시작과 함께 곧바로 청와대 출입기자들을 응대해야 하는 춘추관에서 일할 사람을 선발하기 위해서였다. 공보실장(선임 공보기획팀장) 역할을 맡았던 나는 일찌감치 귀가한 후였다. 그 자리를 마련한 B는 청와대로 들어갈 공보실 직원을 고른 뒤 나머지 직원들에게 택시비를 주면서 귀가하도록 했다. 그중에는 부대변인 C도 포함돼 있었다.

C에게서 며칠 뒤 전화가 걸려왔다. 정치, 선거를 처음 경험한 나는 선거가 끝난 직후 2주 동안 여의도에서 매일 후배들과 만나 시간을 보내던 때였다. C는 울먹였다. 무척 자존심이 상한 듯했다. 그는 해외 유학까지 하고 돌아와 정치를 하

겠다는 생각으로 정치권에 입문해 나름 열심히 했으나 국내 정치나 선거에 익숙지 않았다. 청와대 근무가 어려워진 데 대한 서운함도 묻어났다. 하지만 그 후로 상황이 달라졌다. B는 청와대 비서관까지 하고 나가서 출마했지만 경선에 참여하지도 못했다. 반면 공보실 직원 모집에서 떨어진 C는 그 선거에서 서울 지역에 당선돼 국회의원이 됐다. 두 사람의 운명이 뒤바뀐 셈이다.

살면서 나는 사람 운이 참 좋았던 것 같다. 어려울 때면 늘 생각지도 못했던 사람이 나타나 나를 도와주었다. 특별히 공부를 잘했던 것도 아니고 무슨 엄청난 개인기가 있는 것도 아닌 내가 유력 신문의 기자도 하고, 청와대 비서관까지 한 건 모두 주변의 도움 덕분이었다. 살면서 아무리 공부 잘하고 똑똑해도 온전히 자신의 힘으로만 할 수 있는 일이 얼마나 될까.

물론 사람 때문에 상처를 입은 적도 있다. 2016년 7월 동아일보를 그만두고 광흥창팀에 합류하기 전 평소 형, 동생으로 지낸 모 지방 대학 총장과 함께 필리핀 세부로 여행을 갔다. 몇 달 전에 '환불 불가' 비행기 표를 예약해 놓은 상황이라 취소가 어려웠다. 출발하는 날 공항에서 만난 그에게 "형님, 저 기자 그만뒀어요. 문재인 후보 캠프에 합류하려고요"라고 동아일보 퇴직 사실을 알렸다. 그때부터 그분의 표정이 굳어

　　　　　1부. 아랫장 막둥이 청와대 비서관이 되다

지더니 사흘 여행 내내 함께 어울리지 않았다. 세부에서 사업하는 동생이 우리 여행을 가이드해 주었는데 "지금까지 많은 분을 모셔봤지만 가장 힘든 분인 것 같다"고 했다. 당시만 해도 그분 눈에는 문재인 후보가 당선될 가능성이 없는 것으로 보였을 수도 있다. 2017년 5월 내가 청와대 비서관에 내정됐다는 기사가 나오자 그분에게서 문자와 전화가 왔다. 나는 받지 않았다.

2022년 5월 9일 청와대 문을 닫고 나온 이후 일이다. 나는 두 달 남짓 '아무것도 하지 않고' 놀았다. '무언가를 한다는 게 무슨 의미가 있나' 하는 생각이 들었다. 아무것도 하고 싶지 않았다. 정신을 차려 친한 형이 운영하는 조그만 벤처기업에 임원으로 합류하기로 하고 임금 협상까지 마친 상황이었다. 7월 11일 월요일 첫 출근을 사흘 앞둔 금요일 저녁에 회사 대표인 형에게 전화가 왔다. 그 회사에 투자한 다른 회사 대표가 불편해한다는 것이었다. 전 정권 비서관 출신을 영입하는 게 영 꺼림칙했던 모양이다. 문제는 그분과 내가 더 오랫동안 '형님, 동생'이었다는 것이다. 그분이 어려울 때 성심껏 도와준 적이 있어 기자 시절부터 좋은 관계였다.

나는 '자리'나 환경에 따라 태도가 달라지는 사람을 가장 싫어한다. 정치를 하면 그런 사람까지 끌어안아야 한다지만 솔직히 나는 자신 없다. 앞서 그 대학 총장 형은 2017년 내가 청와대 비서관에 내정됐다는 기사를 보고 전화를 여러 차례 했다. 전화를 받지 않자 문자도 보내왔지만 나는 끝내 답하지 않았다. 정권이 바뀌었다고 태도가 바뀐 회사 대표 형과는 그 후로 연락이 끊어졌다. 길지 않은 인생을 살았지만 나는 어떤 자리에 있든, 어떤 일을 하든 나 자신을 지키며 한결같이 살려고 한다. 누군가는 바보라고 하겠지만 적어도 나는 그렇게 살려고 노력하고 있다.

기자 시절부터 지켜본 정치, 특히 선거는 8할이 운인 것 같다. 내가 아는 현역 국회의원 중에는 청와대에서 근무한 지 6개월도 안 돼 방출된 행정관이 지역구에 출마해 곧바로 배지를 단 경우도 있었다. 의원회관 때부터 모시던 모 수석비서관의 보좌관은 그 수석이 불미스러운 일로 청와대를 나가자 함께 따라 나가서 출마했다가 서울 요지의 구청장이 됐다. 운이자, 바람 덕분이다. 2020년, 2022년 연이어 민주당은 총선과 지방 선거를 휩쓸었다. 선거에서 가장 중요한 것은 구도라고 한다. 하지만 그보다 더 센 건 '바람'이다. 한 번 바람이 불면 인물도, 정책도, 심지어 구도마저도 무의미해진다. 바람은 곧 그 사람의 운이다.

내가 총선 출마를 결심한 데는 순천의 선거 구도가 괜찮다는 판단에서다. 지난 20년 동안 순천은 선거 때마다 출마하는 단골 후보들이 많았다. 2020년 총선에서 막판 전략 공천을 받아 당선된 현역 의원을 제외하면 새로운 얼굴이 없다. 현역 의원을 경선에서 극복할 수 있을지는 미지수다. 하지만 다른 호남 지역과 마찬가지로 순천 역시 현역 의원에 대한 시민들의 거부감과 새 인물에 대한 요구가 어느 때보다 높아 보였다.

관건은 순천 정치에 신인인 내가 바람을 일으킬 수 있느냐에 달려있다. 어쩌면 나의 총선 출마는 혼탁한 순천 정치판에서 무모한 실험에 그칠지도 모른다. 하지만 나는 순천 시민들에게 순천에도 새로운 정치를 하려는 순천 사람이, 민주당 정치인이 있다는 걸 보여드리고 싶다. 그리고 나는 출마 결심 때부터 경선, 본선을 치르는 과정을 기록할 생각이다. 평생을 기록하면서 살아온 탓일까. 나는 내가 선거를 치르면서 겪은 일들을 낱낱이 기록해 언젠가는 우리 정치 발전에 밑거름으로 활용되길 희망한다.

노무현 전 대통령이 수많은 어록을 남겼지만 그중 내가 가슴에 품고 있는 말이 있다. "원칙 있는 승리가 가장 좋고, 원칙 있는 패배가 그 다음이다. 원칙 없는 패배가 최악이다." 나는 원칙을 지킨 승리를 할 생각이다.

2022년 1월 마지막 해외 순방 출발 직전 공군 1호기 앞에서

86 2선
후퇴론

"임 실장은 어떻게 할 거요."

2023년 봄, 임종석 전 비서실장이 이사장을 맡고 있는 남북경제문화협력재단 사무실을 찾았다. 2020년 총선에서 경기도 지역에 출마했던 K 전 비서관도 와 있었다. 한 달에 한 번 정도 나는 재단에 들러 임 전 실장이나 K 전 비서관 등과 이런저런 얘기를 나눴다. 나는 친구이자 청와대 근무 당시 직장 상사였던 임 전 실장과 K 전 비서관에게 출마 결심을 밝히고 그들의 정치적 행보를 물었다. 정치적 공백이 컸던 임 전 실장 역시 다음 총선에 나가겠다는 뜻을 굳혔다고 했다.

정치권과 언론에서 '86(80년대 학번·60년대생) 용퇴론'이 나올 때마다 86세력의 대표 격인 그로선 입지가 좁아질 수밖에 없다. 나는 그에게 "우리 정치판에서 86세력만큼 그나마 국가,

역사, 국민을 생각하는 정치세력은 없다고 본다"고 말했다. 솔직한 심경이었다. 내가 30년 가까이 지켜본 대한민국 정치판, 특히 요즘 정치판은 여야 가릴 것 없이 '생계형' 정치인들로 가득하다. 평생 살면서 단 한 번도 국가나 역사를 생각해본 적 없는 분들이 입만 열면 '국민의 대표'라고 주장한다.

'86 용퇴론'은 이들 '생계형' 정치꾼들과 일부 언론이 '86' 정치인들을 정치판에서 밀어내려고 만든 야비한 프레임에 불과해 보인다. 나는 이 프레임이 애초 일부 언론과 진보 진영 내에서 제기된 걸로 알고 있다. 민주당에는 아직 86세대보다 윗세대 정치인들이 즐비하다. 그럼에도 유독 이 특정 세대만 콕 집어 퇴장을 요구하는 저의가 의심스럽다. 일각에선 후배들에게 넘겨줘야 한다는 그럴듯한 명분을 내세운다. 내가 아는 한 86세대는 민주당에서 한 번도 주류 세력이었던 적이 없다. 물론 일부의 일탈과 도덕적 해이까지 덮고 싶지는 않다. 하지만 이들이 빠지고 나면 후배들이 그 공백을 메울 만큼 준비돼 있는지 의문이다. 그걸 바라는 게 과연 누구일까.

임 전 실장도 문 대통령 퇴임 이후 1년 동안 대한민국이 무너져 내리는 상황을 지켜보면서 정치를 재개해야겠다는 결심을 굳힌 듯했다. 30년 가까이 인연을 이어오면서 지켜본 임 전 실장은 80년대 '학생 운동권'과는 한참 거리가 있었다. 늘 해맑은 웃음과 유머로 주변을 편하게 해주는 매력이 있다.

친구 임종석과 함께

내가 정치권에 들어와 함께 일하면서 '일머리가 참 좋다'고 생각한 두 사람이 임 전 실장과 윤건영 전 청와대 상황실장이다. 정치권 안팎에는 임 전 실장이 술 잘 마시고 놀기 좋아하는 '한량'으로 알려져 있지만 실제 일을 같이 해보니 달랐다. 2018년쯤으로 기억한다. 직속 상사(나는 위에 수석비서관이 없는 비서실장 직속 비서관이었다)인 비서실장에게 보고할 사안이 있어 오전에 그의 방을 찾았다.

그는 보고 내용을 금세 파악하고 대응 방안까지 얘기했다. 내가 놀라는 표정을 짓자 그는 "아, 이 사람아, 나도 밤에 열심히 공부하네" 하며 특유의 너털웃음을 지었다. 문재인 정부 청와대 1기 시절, 매일 아침 비서실장이 주재하는 '현안 점검 회의'에 참석해본 사람들은 그의 탁월한 정무적 감각과 학습 능력에 다들 놀라곤 했다. 남북문제뿐 아니라 외교, 경제 분야에서도 그의 판단은 남달랐다.

이 때문에 1기 청와대에 파견 나왔다 복귀한 '늘공' 중에는 "임 전 실장과 일할 때 일하기가 정말 좋았다. 기회가 되면 다시 함께 일해보고 싶다"고 얘기하는 사람이 많았다. '늘공'이 이런 얘기를 나 같은 '어공'에게 대놓고 하는 건 쉬운 일이 아니다. 우리 정치 상황에서 공무원이 자신의 정치적 성향을 드러내는 일이라 자칫 오해받을 수 있기 때문이다. 그만큼 직업 공무원들에게 임 전 실장은 신선했던 것 같다. 빠른 판단과 특유의 감각으로 복잡한 현안을 신속하게 정리하고 대응 방안까지 제시해주니 얼마나 일하기 편했겠는가.

한 가지 아쉬운 대목은 나와 마찬가지로 '권력 의지'다. 2012년 민주통합당 사무총장 시절 그는 자신을 둘러싼 논란이 일자 19대 총선 불출마를 선언했다. 서울 종로 출마가 점쳐지던 2019년 11월 그는 돌연 자신의 페이스북을 통해 21대 총선 불출마를 선언했다. 일각에선 '정계 은퇴' 선언이라고 해석할 정도로 강한 어조였다.

실은 그 직전 나는 임 전 실장의 오랜 측근인 김종천 전 비서관에게 "불출마 선언을 해버리는 게 낫겠다"고 한 적 있어 무척 당혹스러웠다. 그 당시 언론에선 임 전 실장이 서울 종로구로 이사한 걸 두고 이런저런 해석이 난무했다. 지역구 문제가 깔끔하게 정리되지 않은 상황에서 임 전 실장이 공천을 받으려고 줄다리기하는 것처럼 비쳐질 바에야 차라리 총선보다는 서울시장 선거로 직행하기를 바랐다. '불출마 선언'은 임 전 실장 성격이나 권력 의지 등을 종합해보면 충분히 납득할 만한 수준이라고 봤다.

사실 나는 2016년 20대 총선 직전에도 그에게 서울시장 선거 출마를 권유한 바 있다. 이를 위해 서울 은평보다는 차라리 강남에 출마하는 게 낫다고 했다. 임 전 실장이 얼마나 매력적인 사람인지를 보수의 중심에 있는 시민들에게 알릴 필요가 있다는 판단에서다. 아직도 보수 진영에선 그를 '빨갱이' '주사파'로 매도하고, 많은 사람이 그런 편견과 선입견을 갖고 있기 때문이다.

아무리 정치를 오래 하고 감각이 탁월해도 자기 문제는 객관적으로 판단하기가 쉽지 않은 모양이다. 결국 임 전 실장은 은평에 출마해 민주당 경선에서 'ㅇㅇ식당 아들'에게 신인 가산점에서 뒤집혀 패했다. 내가 만나본 정치인 가운데 더 큰 역할을 했으면 하는 사람이 임 전 실장과 김경수 전 경남지사다. 두 사람은 성격이 대조적이다.

김 전 지사는 노무현 대통령 재임 당시 청와대를 출입하면서 행정관 신분일 때부터 알고 지냈다. 워낙 조용하고 신중한 스타일이어서 격의 없이 친해지진 못했지만 서로 상대방에 대한 신뢰와 호감을 갖고 있다. 동갑내기지만 서로 한 번도 말을 내린 적이 없다. 물론 대선 때는 '광흥창'이나 당 선대위 공보실 등에서 함께 일을 한 적이 있지만 둘이 술 한잔하면서 터놓고 깊은 얘기를 해본 적은 없는 것 같다.

황당한 '드루킹' 사건으로 옥고를 치르고 영국으로 출국하기 전 나는 김 전 지사와 짧게 통화했다. 나는 두 사람이 언젠가 우리 정치에서 큰 역할을 해주길 바라고 있다. 전혀 다른 성격의 두 사람은 매우 절친이다. 두 사람이 서로를 보완하면서 함께 대한민국을 이끄는 날이 오길 진심으로 바란다.

"K 비서관은 이번에 출마 안 하실 건가요."

임 전 실장 옆에 앉은 K 전 비서관에게 물었다. K는 "선거는 내게 안 맞는 것 같습니다. 내가 더 잘할 수 있는 일을 할 생각입니다"라고 단호하게 말했다. K를 보면서 나는 선거가 무척 어려운 일이라는 걸 새삼 깨달았다. K는 함께 일한 비서관 중에서 가장 외향적이고 꾀가 많아 정치에 잘 맞을 거라고 생각했기 때문이다.

2019년 여름 청와대에 사표를 내고 K는 경기도 북부 모 지역 민주당 경선에 뛰어들었다. 한 달도 채 되지 않아 '권리당원' 3,000명을 모았다는 얘기도 들렸다. 우리는 그를 '의원님'이라고 부르며 마치 당선이라도 된 것처럼 대했다. 하지만 그는 경선을 위한 선거 캠프도 꾸리지 않은 채 선거를 치러 현역 의원에게 참패했다. "선거를 치러보니 모든 게 리스크였습니다. 선거운동을 하지 않고 리스크 관리만 했으니 결과가 뻔하지 않았겠습니까." K의 말에서 본선은커녕 민주당 내부 경선도 쉬운 일이 아니라는 게 느껴졌다.

윤건영 의원은 정말 성실한 참모였다. 청와대 상황실장으로 일할 때 그의 방은 늘 밤늦게까지 불이 켜져 있었다. 상황실은 재난 안전과 치안, 정책 현안 등과 관련해 각종 정보가 집결하는 곳이다. 매일 아침 열리는 티타임에서 문 대통령의 질문에 막힘 없이 답하는 참모는 윤 실장밖에 없었다. 물론 많은 정보를 취합하는 상황실장이라서 당연한 것처럼 보이지만 그만큼 성실하지 않으면 어려운 일이다.

문 대통령이 윤 실장이 있는 동안 남북문제를 포함해 그에게 많이 의존한 건 어쩔 수 없는 일이었다. 늘 겸손한 태도도 주변에서 호감을 갖게 하는 매력이 있다. 인사 문제를 놓고 일부에선 윤 실장에게 비판적인 목소리를 내는 사람도 있지만 나는 여전히 그를 성실하고 일 잘하는 사람으로 꼽는 데 주저하지 않는다. 국회의원이 된 후에도 그는 나와 만나거나 전화 통화를 하면 늘 변함없이 "네, 형님"이라고 깍듯하게 대한다. 그만큼 나와 윤 의원은 서로에 대한 신뢰를 갖고 있다.

대한민국
대통령의 조건

나는 운 좋게도 김대중, 노무현, 문재인 세 분의 민주당 정부 대통령을 직간접적으로 비교적 가까이서 관찰할 기회가 있었다. 김대중, 노무현 두 분은 기자 시절 취재를 하면서, 문 대통령은 직접 선거 준비 캠프에 참여하고 비서관으로 5년을 모시며 뵈었다. 안타깝게도 노무현, 문재인 대통령 두 분은 정권을 내준 분들이고, 두 분 모두 부동산 문제가 가장 큰 요인으로 꼽힌다. 공교롭게도 두 분이 집권한 시기가 부동산 폭등기와 겹쳤는데 정책을 결정하는 자리에 비슷한 신념을 가진 분들을 기용했다는 공통점이 있다,

대통령이 갖춰야 할 자질로 대체로 역사의식, 공감 능력, 높은 도덕성, 경제적 식견 등을 꼽는데 중요도는 저마다 다양하다. 나는 대한민국 정치판을 오랫동안 지켜보면서 우리 대

통령의 가장 중요한 조건으로 외교적 역량을 꼽고 싶다. 북한과 대치한 상황에서, 자원도 없어 수출로 먹고살아야 하는 나라에서 외교는 곧 경제이자 안보다. 새 정부가 드러내놓고 미·일과의 동맹에만 열중하는 모습을 보니 걱정이 앞선다.

외교를 단순화하면 정말 하기 쉽다. 중국, 러시아와의 관계를 고려하지 않고 미국, 일본과 잘 지내기만 하면 얼마나 편하고 쉬운가. 하지만 외교는 그리 단순하지 않다. 우리 정부 임기를 1년도 남기지 않은 2021년 가을, 중국의 수출입 통관 업무를 총괄하는 해관총서가 29개 화학 비료 관련 원료 품목에 대해 검사 절차를 추가하는 규제를 신설했다.

주중 한국 대사관, 국가정보원, 산업자원부 등 관련 기관들은 이 규제 신설이 의미하는 바조차도 정확히 몰랐던 것 같다. 29개 원료 품목 가운데 하나인 요소수 수입이 어려움을 겪자 국내 화물 운송이 마비됐다. 환경 규제 강화로 거의 모든 디젤 차량에는 요소수가 필수품이 됐음에도 국내에선 요소수를 생산하는 업체가 거의 없어 대부분 중국에서 수입하고 있었기 때문이다. 이 일로 나와 개인적 친분이 두터웠던 정부 부처 차관급 인사가 경질되기도 했다. 중국이 원료 품목 중 하나만 수출을 잠가도 나라가 마비되는 게 대한민국이다. 누군들 중국이 좋아서 미국과 중국 사이에서 줄타기를 하겠는가. 문재인 정부가 의욕적으로 추진했던 신남방정책도 탈

중국의 일환이었다.

각종 여론조사에서 문재인 대통령이 재임 시절이나 퇴임 이후에나 가장 높은 평가를 받는 대목은 외교다. 문 대통령 외교의 핵심은 '진심'이었다. 문 대통령은 해외 정상과의 회담이나 순방을 앞두고 참모들과 회의할 때면 그 나라 입장에서 일정과 메시지를 준비할 것을 항상 주문했다. 특히 관료나 참모들이 무의식적으로 특정 국가보다 우리가 더 잘산다는 느낌을 주는 메시지를 무심코 보고했다간 깨지기 마련이었다. 늘 상대방을 존중하는 진심 어린 태도는 막혀 있던 우리 기업들의 해외 사업을 풀어낸 열쇠였다.

문 대통령의 몸을 돌보지 않는 노력도 한몫했다. 2017년 11월 트럼프 미국 대통령이 2박 3일 일정으로 방한했다. 국회 연설을 마치고 미국으로 돌아가는 날은 문 대통령이 동남아 순방을 떠나는 날이었다. 그날 문 대통령은 오후 6시가 다 돼서야 트럼프 대통령을 떠나보내고 곧바로 서울공항으로 이동해 동남아로 출발했다. 문 대통령은 동남아 순방에서 만날 정상들과의 회담 준비를 위해 산더미처럼 쌓인 자료를 보느라 새벽까지 비행기 안에서 잠을 이루지 못했다.

결국은
먹고사는 문제

"정치학을 전공하면 논문 한번 써보시죠."

내가 정치학 공부를 하는 후배들을 만나면 늘상 입버릇처럼 하는 말이다. 우리 정치판에서 내가 흥미롭게 생각하는 현상이 있다. 이른바 과거에는 진보 진영에서 열정적이었던 정치인들이 보수 정당으로 넘어가는 경우가 많지만 그 반대 사례를 찾기가 힘들다는 점이다. 나이가 들면서 자연스럽게 보수화되는 건 어쩔 수 없는 일이지만 평생 자기가 지켜온 신념을 완전히 뒤집는 건 쉬운 일이 아니다.

대표적인 인사들 몇 명만 나열해보자. 김문수 전 경기지사는 과거 손꼽히는 노동운동가였다. 그런 그가 언제부턴가 단순 보수도 아니고 극우 세력의 곁불을 쬐는 인물이 됐다. 그렇게 해서 현 정부에서는 장관급 인사가 됐다. 청와대 근무 시절 나는 그가 전광훈 씨(나는 전광훈 씨에게 목사라는 직책을 붙이고 싶지 않다)가 주도한 태극기 집회에서 마이크를 잡고 입에 담기도 힘든 악담을 쏟아내는 걸 직접 들었다.

김 전 지사 외에도 많다. 고교 선배로 한때 김대중(DJ) 전 대통령에 관한 책을 낸 김경재 전 의원의 변신도 재미있다. 호남의 3대 천재 중 한 명으로 불리던 그는 국회의원 시절 자칭 'DJ 맨'이었다. 박지원 의원이 미국에서 가발 장사를 할 때 그를 DJ에게 소개해준 사람도 김경재 전 의원이었다. DJ의 비서실장까지 지낸 한광옥 전 의원이 박근혜 전 대통령 때 장관급인 국민통합위원장을 맡은 건 이해할 만한 수준이다. 이들 외에도 동교동계의 한 축이었던 한화갑 전 민주당 대표를 포함해 민주당에서 큰 비중을 차지했던 많은 분이 보수 진영으로 넘어갔다. 일찌감치 '전향'을 선언하고 국민의힘에 몸을 담은 하태경 의원은 과거 학생운동권에서 이름깨나 날린 인물이다.

반면 보수 진영에서 진보 쪽으로 넘어왔다는 정치인은 아직까지 구경해본 적이 없다. 과거 운동권 출신 중 지역적 문제 등으로 잠시 보수 진영에 몸을 담았다가 진보 진영으로 다시 넘어온 몇 분 정도가 예외다. 이런저런 개인적인 이유와 납득할 만한 사정들이 있겠지만 결국 '생계 문제' 외에는 달리 설명할 길이 없다.

특히 정권을 잃고 야인으로 떠도는 생활이 길어질수록 한때 잘나가던 분들은 더더욱 버티기 힘들 것 같다. 그리고 '가난한' 진보 진영보다는 보수 진영에 몸을 담는 게 더 안락하고 먹고살 거리가 많기 마련이다.

우리 정치권, 국회의 또 다른 특징 중 하나는 유난히 법조인, 특히 검사 출신이 많다는 사실이다. 순천, 여수만 해도 국회의원 3명이 모두 검사 출신이다. 예외는 있지만 내가 본 법조인 출신 정치인 중에 평생 살면서 대한민국의 미래, 역사, 국민이라는 단어의 의미를 생각해본 사람이 몇이나 될지 모르겠다. 남의 과거를 파헤칠 수 있는 권력을 갖고 온갖 특혜와 접대만 받으며 살아온 사람들이 갑자기 국회의원이랍시고 입만 열면 '국민'을 내세우는 건 당혹스럽다. 국회가 입법 기관이라고 해서 법조인 출신 의원이 많은 건 정말 후진적이다.

기자 시절 나는 정치, 경제, 법조를 모두 취재했다. 청와대도 출입했고, 삼성도 출입했고, 검찰도 출입했다. 많은 시간이 흘렀지만 나는 지금도 "대한민국에선 검찰 권력이 가장 세다"고 자신 있게 말한다. 정치 권력, 재벌 권력도 검찰 권력 앞에선 별 의미가 없다.

학창 시절 공부보다는 축구에 더 열심이었던 덕에 나는 남들보다 늦게 시작한 기자라는 직업이 좋았다. 하지만 대한민국 검사들을 만나면서 공부를 안 한 걸 한때 후회한 적이 있다. 직장이 자기 마음에 안 든다고 들이받고 뛰쳐나가면 오히려 돈을 더 많이 벌거나 정치 권력을 비교적 손쉽게 얻는 것 아닌가.

노무현 대통령 집권 이후 20년이 흐른 지금 이런 검찰 권력은 더욱 비대해지고 이제는 견제 장치마저 없어진 것 같다. 과거 정권은 안기부(현 국정원)를 통해 검찰을 통제했다. 하지만 민주당 정부는 정보기관의 국내 정치 개입을 차단하면서 검찰에 대한 통제 수단을 잃었다. 정치 권력이 검찰 권력에서 탄생해 언론 권력과 손을 잡았으니 모래알 같은 국회의원 몇 명으로 견제가 되겠는가.

지금 국회의원 300명 중 법조인 출신이 50명에 이른다고 한다. 6명 중 1명은 법조인이다. 이들은 '배지'가 떨어져도 먹고사는 데 문제가 없다. 특히 검사 출신은 다시 '전관예우'를 받으며 살아가니 당연히 검찰의 눈치를 살필 수밖에 없는 구조다. 이제 우리 국회도 교수나 판검사보다는 교사, 노동자, 대학생 등 다양한 직업과 계층의 사람들로 구성돼야 한다. OECD 회원국 의회에 교사 비중이 평균 10%에 이른다는 점은 우리가 새겨야 할 대목이다.

나는 지지율 1% 후보의
담당 기자였다

2002년 1월 초, 주요 언론은 일제히 그해 12월에 있을 대통령 선거 관련 신년 여론조사를 실시했다. 노무현 전 해양수산부 장관은 맨 끝에 이름을 간신히 올렸다. 1% 남짓이었다. 누구도 주목하지 않았다. 그에 앞서 2001년 겨울 노 전 장관이 민주당 기자실로 찾아와 몇몇 기자들에게 점심 식사를 제안했다. 한때 5공 청문회 스타로 주목받았지만 그는 여전히 민주당에서 비주류였고, 어느 누구도 대선 후보로 생각하지 않았다. 점심 식사에 참석하겠다고 응답한 기자는 거의 없었다.

이때 노 전 장관을 수행하던 인물이 K였다. K는 나보다 세 살 아래였고, 정치와는 거리가 먼 노 전 장관의 영어 교사이자 수행비서였다. 약대를 나왔지만 그는 유명한 영어 강사였고 그가 쓴 영어 교재는 당시 베스트셀러였다. 나는 K와 가깝게 지냈다. 우리는 지금까지도 거의 한 달에 한 번꼴로 만나는 사이가 됐다. 그때 그는 뛰어난 머리와 감각으로 노 전 장관이 대통령이 될 것이라고 조목조목 근거를 들어가며 나를 설득했었던 것으로 기억한다.

민주당 대통령 후보 경선이 시작됐다. 이인제 후보 대세론이 압도했다. 민주당 기자실에서 선배들은 대부분 이 후보 담당이었고, 나를 포함해 주니어 기자들이 노 후보를 맡게 됐다. 기자실 내에 '친이인제' '친노무현' 그룹이 생기기 시작했다. 하지만 기자실 내 분위기는 이인제 후보로 확연히 기울어있었다.

대반전이 일어났다. 제주를 거쳐 광주에서 경선이 벌어지기 전날이다. 나는 당시 문화일보 정치부에서 실시한 여론조사 결과를 기사로 작성했다. 민주당 후보가 본선에서 처음으로 한나라당 이회창 후보를 앞선다는 결과였다. 이인제가 아닌 노무현이었다. 이인제 후보는 단 한 번도 이회창 후보를 이기는 여론조사가 없었다. 기사를 쓰면서 동료 기자들도 모두 의아했지만 조사 결과를 어떻게 할 도리가 없었다.

신문 1면 사이드에 기사가 실리자 노무현 바람이 휩쓸었고, 노 후보가 광주에서 1등을 차지했다. 후문이지만 당시 노 후보 진영에서 트럭으로 문화일보를 실어다 광주 경선장 주변에 뿌렸다는 얘기도 있다. 이어 다른 지역에서도 급격하게 노무현 바람이 불었다. 며칠 뒤 그 유명한 "아내를 버리라는 겁니까"라는 연설을 했던 인천 경선이 벌어진 날, 나는 경선 장으로 들어가려다 이 후보 지지자들에 둘러싸여 몰매를 맞을 뻔한 적도 있다.

코너에 몰린 이인제 후보 측에서 노 후보 장인의 부역 문제를 들고나온 건 악수였다. 광주 경선 패배 후 사흘간의 칩거 끝에 선거운동을 재개한 이 후보 측이 꺼내 든 반격 카드는 '색깔론'이었다. 나는 혼자 차를 렌트해 경남 김해, 마산, 부산 등지를 돌며 노 후보 장인 부역 문제를 취재했다. 그리고 신문 한 개 면에 걸쳐 기사를 썼다. 적어도 여의도 정치권 내에서는 더 이상 논란거리가 되지 않았다. 당시 권양숙 여사가 직접 전화해 고마움을 표했다. 그리고 노무현 후보는 마침내 기적처럼 민주당 대선 후보가 됐다.

대통령이 되기까지도 그리 순탄하지는 않았다. 여름이 되자 노 후보의 지지율이 하락세를 보였고, 민주당 내부에서는 후보 교체 얘기가 나오기 시작했다. 노 후보 지지율 급락은 평소 그답지 않은 행보에서 비롯된 측면이 컸다. 그는 '민주화 세력의 복원'이라는 명분을 내걸고 김영삼 전 대통령(YS)과 만났다. 노 후보는 김 전 대통령을 만난 자리에서 과거 YS가 통일민주당 총재 시절 선물했던 시계를 내보이며 "그때 총재 님께서 주셨던 시계를 아직도 차고 있습니다"라고 하며 분위기를 띄우려고 했다. 이 장면이 방송을 타고 나가자 국민 여론이 급격히 돌아섰다. 아직 외환 위기의 여파가 채 회복되지도 않은 상황이어서 반발 여론이 컸다. 그해 6월 치러진 지방선거에서 새천년민주당이 참패하자 당내에서는 노무현 후보 사퇴론이 나왔다. 민주당은 최고위원·상임고문 연석회의, 당무회의 등을 잇달아 열어 재신임을 결정했다.

그즈음이었을 것으로 기억한다. 나는 최고위원·상임고문 연석회의가 열리는 날 새벽, 한화갑 당 대표 마포 자택을 찾아가 집 앞에서 기다렸다. 당 대표인 그의 생각과 판단이 중요했기 때문이다. 당사로 가기 위해 밖으로 나온 한 대표는 내게 "같이 타고 가세"라고 했다. 차에 함께 타자 한 대표가 물었다. "어떻게 해야 한다고 생각하는가?" 나는 "국민들이 뽑은 후보인데 노무현 후보를 믿고 그를 도우시죠"라고 했다.

한 대표도 대선 후보 경선에 참여했을 때만 해도 제주에서 1위를 하며 만만치 않은 조직력을 갖고 있었다. 하지만 그의 압승이 예상됐던 광주에서 노무현 후보에 밀려 3위에 그치자 경선을 포기했다. 그로서도 흔쾌히 노무현 후보를 지원하기엔 아직 마음이 썩 내키지 않았을 것이다. 한 대표는 결국 대선 과정에서 노 후보와 갈라서고 열린우리당이 창당되면서 노무현 대통령 탄핵에 찬성표를 던졌다. 그는 이후 별다른 행보 없이 정치판에서 사라졌다.

우여곡절 끝에 만장일치로 노무현 후보에 대한 재신임이

결정됐다. 하지만 그걸로 끝이 아니었다. 이때만 해도 후보 교체나 사퇴론은 몇몇 의원들 수준에서 나오는 정도였다. 지지율이 떨어져 있지만 영남권 공략이 가능한 노무현 후보가 그나마 가장 경쟁력이 있다는 게 중론이었다.

문제는 다른 데서 불거졌다. 때마침 그해 한일 월드컵의 성공적 개최에 힘입어 정몽준 의원의 주가가 급상승했다. 8월에 치러진 재보궐 선거에서 민주당은 또다시 한나라당에 참패했다. 노 후보로선 난감한 처지가 된 셈이다.

월드컵 성공 개최로 정 의원의 인기가 폭발하면서 아직 대선 출마 선언도 하지 않은 그는 이회창·노무현·정몽준 3자 여론조사에서 이회창 후보와 1위를 다퉜다. 여당 노무현 후보는 3위로 떨어졌다. 정 의원 관련 기사가 매일 언론에 도배질됐다. 다시 당내에서 후보 사퇴론, 교체론이 불거졌지만 당 지도부는 수수방관했다. 그동안에는 대안이 없었지만 정몽준이라는 대안이 생긴 것이다.

노 후보가 사퇴를 거부하자 민주당 의원 37명이 그해 10월 '후보 단일화 협의회(후단협)'를 결성했다. 그 가운데 17명은 11월 초 탈당했다. 이들은 당 안팎에서 노 후보를 공공연하게 비난하고 '국민통합21' 정몽준 후보를 띄우기 바빴다. '후단협'을 실질적으로 주도한 김원길 의원은 나와 개인적 인연이 있는 분이어서 안타까웠다.

2004년 봄 청와대 출입을 마치고 나간 기자들 초청 오찬장에서 노무현 대통령과

김 의원은 김대중 대통령 당선 직후 새정치국민회의의 첫 정책위 의장이었다. 경기고·서울상대를 나온 그는 풍부한 아이디어와 친화력, 추진력을 겸비한 분이었다. 개인적으로는 나의 주례 선생님이기도 했다. 뒤늦게 기자 생활을 시작한 나는 서른셋에 국회 후생관에서 결혼식을 올렸다. 나는 당시 국민회의 정책 위원회를 담당하고 있었다. 자연스럽게 매일 만나는 김 의원의 매력에 끌렸다. 입담 센 그의 현란한 말솜씨에 시골에서 올라온 하객들은 결혼식 내내 웃을 수밖에 없었다.

당초 노무현 후보는 김 의원에게 선거 대책 본부장을 제안했다. 이 제안을 받아들였다면 김 의원은 노 후보가 승리할 경우 초대 총리로 유력하게 꼽힐 정도였다. 하지만 김 의원과 가까운 경기고 출신들이 "상고 출신 밑에서 뭘 하느냐"며 반대한 게 노 후보 제안 거절과 탈당의 이유 중 하나가 됐다는 건 당시 정치권 안팎으로 알려진 얘기다. 탈당 얼마 전 나는 국회 의원회관 김 의원 방으로 찾아가 간곡히 만류했다. 출입 기자 이전에 그는 나의 주례 선생님이었다. 30대 중반 어린 내가 보기에도 후단협의 명분이나 주장이 터무니없어 보였다. 결국 탈당 후 한나라당으로 넘어간 김 의원도 우리 정치 무대에서 사라졌다.

한화갑 전 대표나 김원길 전 의원 모두 뛰어난 분들이었다. 민주당의 소중한 정치 자산이었다. 내부 알력 등으로 인해 어쩔 수 없는 선택을 한 분도 있다. 하지만 우리 정치판에서 원칙과 명분에 맞지 않은 선택으로 정치 무대에서 일찍 사라진 사람 중 이들이 내겐 가장 아쉬운 분들이다. 김 의원의 탈당은 노 후보 진영에 큰 타격이 됐고, 한 전 대표 등 동교동계의 방관은 2003년 열린우리당·새천년민주당 분당, 그 이듬해 노무현 대통령 탄핵의 씨앗이 됐다.

이들 두 분 외에도 어리고 정치 경험 없는 내가 보기에도 아쉬운 선택을 한 분이 또 있다. 2002년 지방 선거에서 서울시장에 출마하면서 차기 대권 주자로 부상한 김민석 의원. 그런 그가 지방 선거에서 지고 돌연 정몽준 후보 지지를 선언하며 민주당을 탈당했다. 김 의원은 정치권 안팎에서 '철새 정치인'으로 낙인찍혀 다음 국회의원 선거에서 낙선했다. 오랜 방황 끝에 그는 2016년이 돼서야 민주당으로 돌아와 민주연구원장을 지내고 2020년 21대 총선에서 원내에 재입성했다.

세 분 모두 당시 민주당에선 흔치 않은 서울대 출신이라는 공통점이 있다. 나는 학벌이 주는 기본 점수가 무척 후한 대한민국이지만 일을 잘하는 것과는 아무 관계가 없다는 걸 경험으로 안다. 내가 오래 근무한 동아일보 기자들 중에는 일도 못하는데 인성마저 엉망인 서울대 출신이 넘쳐났다. 구경하는 사람이 상황을 더 객관적으로 판단하는 것 같다. 정치판 안에 있으면 객관적인 상황 판단이 어려운 모양이다.

2002년 11월, 마침내 노무현·정몽준 후보 간 단일화가 이뤄졌다. 그날 여의도 국민회의와 국민통합 당사 근처 포장마차는 양당 관계자, 기자들도 가득 찼다. 당시만 해도 국회 맞은편에는 공터가 많았고, 포장마차가 즐비했다. 그때 나는 M호텔 옆 길가에서 정몽준 후보 측 김민석 의원 등과 앉아 들뜬 마음으로 맥주를 들이켰던 기억이 있다.

한차례 토론을 거쳐 여론조사를 통해 노무현 후보가 승리했다. 정몽준 후보는 노 후보 선거운동을 돕다 선거 전날 저녁 돌연 지지를 철회했다. 지지 철회 이유로 그는 외교 정책 이견 등을 들었지만 차기 대권 주자로 인정받지 못한 감정적 원인이 컸던 것 같다.

2002년 12월 18일, 선거 하루 전날 나는 국민회의 당사 기자실에 앉아 있었다. 후보 단일화로 승리를 의심하는 사람은 거의 없었다. 하지만 그날 저녁을 막 먹고 들어왔을 때였다. 기자실에 "정몽준 후보가 단일화를 파기했다"는 소식이 전해졌다. 설마 했다. 선거를 몇 시간 앞두고 말도 안 되는 일이 벌어졌으니 믿는 사람이 있었겠는가.

노 후보는 서울 명동에서 마지막 거리 유세를 하고 있었다. 당시 현장에 있었던 사람들 전언에 따르면 기존 단일화 합의에 따라 모든 유세장에 노 후보와 정몽준 의원 두 사람만 단상에 오르는 것으로 돼 있었다고 한다. 하지만 명동 유세

157

에서 노 후보 진영 인물 다수가 단상에 올랐다. 양측의 분위기가 싸해졌다고 한다. 문제는 종로 유세에서 터졌다. 또다시 노 후보 측 인사들이 대거 단상에 올랐다. 정몽준 의원 측에서 '차기는 정몽준'이라는 피켓을 들어 보였다. 이에 노 후보가 "너무 속도위반하지 말자. 정동영, 추미애 최고위원도 있다"고 한 게 결정적으로 정몽준 의원의 심기를 건드렸다. 이후 냉면집으로 이동한 정몽준 의원은 화가 난 채 술만 마셨다. 그리고 정 의원은 '지지 철회'라는 지시를 내렸다고 한다.

다급해진 노 후보는 그날 밤 정 의원 집을 찾았지만 정 의원은 문도 열어주지 않았다. 노 후보는 한참을 문밖에서 기다리다 빈손으로 기자실을 찾았다. 선거 당일 새벽 5시쯤 노 후보는 민주당 기자실로 찾아와 기자회견을 했다. 기자실에 앉아 봉합 소식을 기다렸던 기자들도 허탈했다. 패배를 예감한 노 후보와 당 관계자들뿐 아니라 기자들의 표정도 굳어있었다.

하지만 국민들은 정치인들의 계산과 달리 움직일 때가 많다. 그날 새벽 단일화 파기 소식이 전해지자 막 대중화된 인터넷과 휴대전화가 위력을 발휘했다. 문자로 투표 참여를 독려하는 바람이 불었다. 나 역시 장인 장모님을 깨워 투표장에 나가시도록 했다. 두 분은 살면서 한 번도 민주당을 찍어본 적이 없는 분들이었다.

노무현을 보낸 후
모든 게 후회였다

노무현 대통령의 대통령직 인수위원회 2개월은 기자들에게 전쟁과 같았다. 역사상 경험한 적 없는 유형의 정치인이 대통령에 당선되자 재계를 비롯해 기존 대한민국의 기득권이라고 했던 세력들은 민감하게 움직였다. 김대중 전 대통령이야 수십 년 동안 정치를 해온 분이고, 김종필 자유민주연합 총재와 연합으로 당선된 만큼 변화의 폭이 크지 않았다. 하지만 노무현 대통령의 집권은 그야말로 대한민국 주류 집단에 엄청난 충격과 파장을 던졌다.

노무현 정부와 언론

인수위원회에서 연일 엄청난 기사들이 쏟아졌다. 이전에는 상상조차 하기 힘들었던 정책들이 기사화됐다. 지금이야

당연한 일이 됐지만 그때만 해도 여기저기서 불만의 목소리가 컸던 정책이 대다수였다. 내가 당시 단독 보도했던 기사 중 기억에 아직 남아있는 것 중 하나가 '주택 거래 신고 의무화'였다. 주택 거래를 중개한 중개사가 지자체에 거래 내역을 의무적으로 신고하도록 한 것이다. 이른바 '다운 계약서' 작성을 막아 세금 탈루를 방지하겠다는 의도였다. 지금은 너무도 당연한 일이지만 당시 보도 직후 다들 '그게 되겠어'라는 반응들이었다. 그때까지만 해도 주택 거래 시 세금을 줄이기 위한 다운 계약서 작성이 일상적이었다.

자연스럽게 나는 노무현 대통령이 있는 청와대를 담당하는 기자가 됐다. 당시 청와대 기자실은 200명이 넘는 기자가 등록됐다. 중앙 언론사 기자만 60, 70명이나 됐다. 김대중 정부 시절 30명 남짓에서 두 배 이상 늘어난 셈이다. 군사정권은 물론 김영삼 정부, 김대중 정부와도 전혀 다른 유형의 정부가 들어서면서 기사 경쟁도 치열했다. 청와대 비서관들 대다수가 채 마흔을 넘지 않은 30대였다. 일부는 나이가 너무 어려 2급이 많았다. 이전까지만 해도 통상 청와대 비서관은 1급이고, 힘은 장·차관을 능가했다.

노무현 대통령의 집권은 대한민국의 주류 집단을 경악하게 만든 일대 사건이었다. 노 대통령은 민주당은 물론 운동권 내에서조차 '비주류'였다. 김대중 전 대통령은 우리 사회의 주류 집단까지 뒤흔들지는 않았다. 하지만 노 전 대통령은 달랐다. 당장 동교동을 중심으로 한 민주당 구주류 집단과 결별을 선언하고 열린우리당을 만들어 기존 정치판을 흔들었다. 재벌, 언론, 검찰, 관료 등 수십 년 동안 편안하게 먹고살아 온 대한민국 주류 집단의 반발이 거셌다. 노 대통령은 평검사들과 직접 대화를 통해 검찰의 반발을 진압하려 했다. 브리핑 룸을 만들고 기자실을 없앴다.

청와대 기자실은 민주당 경선 과정에서 노무현 후보를 담당했던 기자들로 대부분 채워졌다. 거의 노 대통령과 참여정부에 대한 호의를 갖고 있었다. 하지만 노 대통령을 모신 일부 참모들의 거친 태도, 기자실 폐쇄 등으로 인해 6개월이 지나지 않아 상당수가 '반노무현'으로 돌아선 듯했다. 30대 후반 젊은 나이였던 나 역시 이런저런 문제로 참모들과 부딪혔다. 나 역시 기존 체제를 흔드는 참여정부에 대한 불편함을 느끼고 있었던 것 같다. 직접적으로는 일부 참모들과의 갈등이 크게 작용했다.

몇몇 기사로 노무현 대통령을 무척 곤혹스럽게 만들기도 했다. 2003년 4월쯤이었다. 이라크 파병 문제를 놓고 갑론을박이 이어졌다. 동남아 순방에서 조지 부시 미국 대통령과 회담을 앞둔 시점이었다. 화요일 출국을 앞둔 전주 금요일이었다. 나는 아침 일찍 외교 안보 라인 관계자에게 전화했다. 파병 여부를 결정했는지 물었다. 그는 "내일모레면 알게 될 텐데"라고 했다. '다음 주'가 아니라 '내일모레'였다. 나는 정부가 출국 전에 파병 결정을 발표할 것이라고 판단해 이 짧은 한마디를 듣고 신문 1면과 3면을 채웠다. 1면 제목은 '이라크 파병 결정 금명 발표'였다. 기사가 나가자 정부는 토요일 급하게 외교 관계 장관 회의를 소집해 파병을 최종 결정하고, 시민사회단체 관계자들을 청와대로 불러 배경을 설명했다. 당초 출국 직전 또는 동남아 순방에서 발표할 예정이었다고 한다. 시민사회단체들은 정부가 국민 동의도 구하지 않고 파병을 결정한 데 대해 강력하게 반발했다.

시간이 한참 지난 후에 점심을 같이한 당시 이종석 NSC 사무처장은 한사코 내게 당시 취재했던 사람이 누군지를 물었다. 나는 "형님, 기자에게 취재원은 목숨 줄인데 제가 얘기하겠습니까"라고만 했다. 당시 청와대 외교 안보 라인에서는 미국과의 동맹 강화를 주장하는 '동맹파'와 우리 스스로 국방력을 키워 자주국방에 나서야 한다는 '자주파' 간 갈등이 있었다. 자주파의 중심이었던 이 처장은 파병 결정에 못을 박으려는 '동맹파'의 언론 플레이라고 생각하는 것 같았다. 이 처장을 비롯해 청와대 관계자들의 집요한 '취재'에 나는 끝까지 입을 열지 않았다.

정부가 발표할 예정이었던 인사개혁 로드맵 사전 보도로

유인태 당시 정무수석이 노 대통령에게 혼이 난 적도 있다. 발표 전날 몇몇 기자들과 유 수석은 청와대 근처 식당에서 저녁을 함께했다. 유 수석은 발표 내용 일부를 소개했다. 그날 저녁 자리가 '오프 더 레코드(비보도)'였는지, 유 수석이 그걸 미리 요청했는지 불분명했다. 나는 저녁 자리가 파하고 나서 그날 들었던 얘기를 복기해서 다음날 기사를 작성했다. 당시 내가 근무했던 신문은 석간이었다.

인사 개혁 로드맵에서 핵심적으로 다루고자 했던 내용보다 내가 보도한 내용이 논란거리가 되면서 정부의 발표 내용이 묻혀버렸다. 노 대통령이 단단히 화가 났다고 한다. 발언의 진원지로 지목된 유 수석은 노 대통령에게 불려가 혼이 났다고 한다. 하지만 유 수석은 한 번도 내게 내색하지 않았다. 그땐 그래도 기자들과 정치인, 여당과 야당 사이에 서로에 대한 이해와 '정치'가 있었던 것 같다. 나는 이후 청와대 관계자들 사이에 '접촉 금지' 대상 기자가 됐다고 한다.

2004년 4월 국회의원 총선거를 앞두고 나는 다시 여의도 민주당으로 출입처를 옮겼다. 그러던 어느 날 오랫동안 민주당을 함께 출입했던 동아일보 윤 모 선배에게서 전화가 왔다. 회사를 옮길 생각이 없느냐는 것이었다. 윤 선배는 나중에 회사를 그만두고 이명박 정부 청와대로 들어가려다 무산됐다. 이후 정치권에 몸을 담았으나 경남건설 부사장 재직 시절 정

치권에 금품을 전달한 일로 재판을 받고 설암까지 걸려 한동
안 몸과 마음 고생이 심했다. 나는 고민 끝에 윤 선배에게 "가
겠다"고 답했다. 기자 생활을 하면서 한 번쯤 동아일보에서
일해보고 싶은 생각이었다. 당시 다른 유력 신문에서도 이직
제안을 받은 상태였다.

정치부에서 법조팀으로

사표를 내고 이적을 앞둔 금요일 오후 문화일보 선배들과
회사 근처 카페에 둘러앉았다. 지금은 세상을 떠난 선배를 비
롯해 정치부 선후배 7, 8명이 한사코 술을 권하며 만류했다.
그날 나는 내 주량을 한참 넘은 양을 마신 듯했다. 기자로서
문화일보 정치부에 근무한 3년 남짓 동안 나는 많은 특종을
하며 전성기를 누렸다. 선배들이 무척 아쉬워했다. 당시 정치
부장은 밤늦게 내가 사는 경기도 의왕 집에까지 찾아와 말렸
다. 이틀 후 일요일 오전 10시에 동아일보에 출근해 사령장을
받기로 되어있었다.

막상 가기로 했지만 나 역시 문화일보 정치부 선후배들에
대한 애정이 깊었던 것 같다. 당시만 해도 문화일보는 일각에
서 '빨갱이 신문'이라고 불릴 만큼 논조가 급진적이었다. 신문
색깔도 '살굿빛'이어서 더더욱 그런 별칭이 어울려 보였다.

당시 문화일보 정치부는 유독 운동권 출신이 많았다. 부장

이었던 민병두 전 민주당 의원을 비롯해 지금은 종편 패널로 이름을 떨치고 있는 이현종 선배, 박근혜 정부 홍보기획비서관을 지낸 천영식 선배 등등 모두 한때는 유명한 운동권이었다. 국민의힘 최형두 의원도 함께 근무한 선배였고, 네이버 이사였던 한종호 선배, 현대기아차 사장을 지낸 공영운 선배, 아시아경제 사장이었던 최영범 선배 등등 면면이 화려했다.

그중 지금은 극우 유튜브 방송 대표인 D 선배와는 개인적으로 친분이 매우 두터웠다. 그 선배 역시 과거 대학 시절 민정당사 점거 농성으로 구속까지 된 적 있는 운동권 출신이었다. 나는 동아일보로 옮긴 후에도 그 선배와 인연을 이어갔다. 민주당 출입 당시 나의 '사수'였던 점도 작용했지만 그의 순탄치 않은 삶이 늘 안타까웠다. 그 선배는 두 차례 이혼하고 혼자 딸을 키우고 있었다. 선배의 딸은 우리 아이보다 한 살 어렸다. 나는 그 선배에게 우리 아이의 옷과 책 등을 갖다주곤 했다.

2011년 내가 미국 노스캐롤라이나로 연수를 갔을 때는 특파원이던 그의 워싱턴 DC 자택에서 밤새 와인을 마셨다. 그리고 가족들과 여행도 다녔다. 내가 한국으로 돌아오기 직전 가족과 함께 동부 여행을 갔을 때 그 선배는 미리 예약해놓은 야외 음악회장으로 우리를 데려갔다. 그날 워싱턴 DC 야외에서 경험한 음악회는 아직도 우리 가족에겐 잊지 못할 추억으로 남아있다. 그 선배와 내가 가는 길이 이렇게 멀어질 줄은 아무도 예상하지 못했을 것이다. 사는 게 늘 그렇듯 계획이나 생각한 대로 흘러가진 않는 것 같다.

당시 민주당 설훈 의원과 문화일보 정치부 기자들과의 점심 자리가 기억난다. 설 의원은 그 자리에서 "문화일보 정치부가 여느 신문사 정치부보다 맨파워가 센 것 같다"고 했다. 당시 나는 회사와 선배들의 사랑을 받으며 연일 신나게 특종 기사를 써댔다. 늦게 시작한 기자 생활을 보상받고 싶었는지도 모른다. 2001년 나는 거의 매달 회사 대표가 직접 주는 특종상을 받았고, 한국기자협회의 '이달의 기자상'도 두 차례나 받았다. 한 선배는 "너는 월급보다 상금이 더 많겠다"고 농담을 하기도 했다. 문화일보 논조가 극보수 성향으로 바뀐 건 2004년 내가 동아일보로 옮긴 직후부터였던 것 같다. 새로운 사장이 오면서 사내 분위기가 급격히 변하고 기사 논조가 바뀌었다. 결국 생계 문제다.

그 이후 동료 정치부 기자들이 대부분 문화일보를 떠났다. 기업으로, 정치권으로 옮겨갔다. 기자는 마음 놓고 기사를 쓸 수 없을 때 가장 큰 정신적 고통을 겪는다. 때마침 인터넷, 모바일의 대중화로 인한 신문 산업의 위기도 기자들의 이탈을 가속화시켰을 것이다.

당초 동아일보로 출근해 사령장을 받기로 한 날 나는 핸드

폰을 끄고 잠적해버렸다. 그날 함께 사령장을 받기로 한 기자가 지금 국민의힘 조수진 의원이다. 그는 국민일보에서 동아일보로 옮겼다. 정치부 선배들의 끈질긴 설득과 '애정' 공세에 나는 그냥 문화일보에 남기로 했다. 그날 내가 나타나지 않자 조 의원은 사령장을 받지 못했다고 한다.

한 달여 동안 열린우리당을 출입하며 잊고 살던 어느 날 동아일보 윤 모 선배가 다시 전화했다. 만나자는 것이다. 여의도 맨해튼호텔 앞 커피숍에서 그는 자신이 회사에서 곤란한 상황에 처했다고 했다. 그는 "회사 경영진이 꼭 데리고 오라고 한다"고 했다. 심란했다. 나 때문에 곤란한 처지에 빠졌다고 하니 다시 마음이 흔들렸다.

마침 국회의원 총선거가 끝난 직후였다. 나는 고민 끝에 열린우리당 기자실에 앉아 이메일로 회사에 사표를 냈다. 함께 출입하던 후배에게 노트북 반납을 부탁했다. 회사 선후배들 얼굴을 다시 보면 또 붙잡힐 것 같았다. 그만큼 문화일보 정치부에 있었던 3년여 동안이 나에겐 기자 생활 중 가장 신나고 즐거운 시간이었다.

동아일보로 옮기고 나는 곧바로 한 번도 경험하지 않았던 사회부 법조팀에 배치됐다. 법원 출입을 거쳐 검찰에서 3년 동안 기사 경쟁을 벌였다. 법대 출신도 아니고 전에 출입을 해본 적도 없었지만 나름 적응을 잘한 것 같다. 국민일보에서 막 동아일보로 옮긴 조수진 기자도 같은 팀에 있었다. 팀장은 나중에 삼성그룹 미래전략실 부사장을 지낸 L 선배였다.

동아일보 법조팀은 당시 동아일보에선 거의 유일하게 경쟁 신문보다 더 낫다는 안팎의 평가를 받는 곳이었다. 그만큼 팀원들의 자부심도 대단했고, 회사에서 요구하는 수준도 높았다. 팀을 이끄는 L 선배는 법조 기자들 사이에선 전설이었다. 그 선배는 대법원장이나 검찰총장이 새로 취임하면 가장 먼저 조언을 구한다는 얘기가 있을 정도였다. 나는 그 선배가 동아일보 내에서 얼마나 위상이 큰지, 법조계에서 얼마나 영향력이 대단한지 그땐 잘 알지 못했다. 나도 정치부에선 나름 한몫했다는 자부심이 클 때였다.

진보와 보수의 이분법을 넘어

한번은 막 수습을 뗀 후배가 법조팀으로 전입을 해왔다. 감이 느리고 기사 작성도 어려움을 겪고 있었다. 그 후배가 어느 날 무척 심각한 표정으로 상담을 요청했다. "선배, L 팀장이 나에게 기자가 안 맞을 것 같으니 다른 일을 찾아보라고 하네요. 어떻게 할까요." 나는 곧바로 L 팀장에게 장문의 메일을 보냈다. 나 역시 막 동아일보로 옮긴 데다 법조팀에 온 지도 얼마 되지 않은 상황이었다. 나는 L 팀장에게 "후배가 기자 생활을 한 지도 얼마 되지 않았고, 내가 보니 기자실에서 가장 성실하고 꼼꼼하다. 시간을 좀 더 주면 훌륭한 기자가 될 것 같다"며 후배를 두둔했다. 시간이 지나고 L 팀장은 나보다 그 후배를 더 아끼는 사이가 됐다.

그 선배와 일을 하면서 기자로서의 근성과 성실함, 판단력 등을 다시 배웠다. 심지어 그 선배는 새로 법조팀에 기자가 전입 오면 기자 경력과 관계없이 《법학 개론》 책을 던져주고 한 달 뒤에 시험을 쳤다. 80점이 넘을 때까지 시험이 계속됐다.

지금은 동아일보에서 주요 부장도 지내고 논설위원을 하고 있는 모 후배는 재시험을 치르고서야 80점을 넘겼다. 기사 작성 시 사소한 실수도 용납하지 않았다. 매일 오후 5시 기사를 마감한 직후 팀원들을 서초동 검찰청사 앞 카페로 불렀다. 그 자리에서 L 선배는 후배들이 그날 쓴 기사를 일일이 점검하고 틀린 곳을 지적했다. 경제부에서 나름 높은 평가를 받고 법조팀에 온 모 선배는 후배들 앞에서 몇 차례 겪은 모욕감을 견디지 못하고 사흘간 회사에 나오지 않고 잠적한 적도 있다. 그 선배는 지금 모 대기업의 부사장이다.

법조팀에서만 17년을 일한 L 선배가 어느 날 점심 식사 자리에서 "삼성에서 오라고 하는데 너희들 생각은 어떠냐"고 물었다. 그 선배의 일하는 방식으로 볼 때 이미 모든 상황이 정리된 후라는 걸 알고 있었다. 나는 "기자 생활을 할 만큼 했

30대 초반 국민회의 출입기자 시절 취재하는 모습(가운데 짙은 자두색 재킷)

으니 뒤도 돌아보지 말고 가서 더 큰 세상을 구경하시라"고
했다. 몇 년 전 삼성을 그만둔 L 선배는 지금 모 언론사 대표
다. 기자로서 L 선배를 무척 존경하고 좋아하지만 잘 맞지 않
는 구석도 있었다. 가장 큰 부분은 사람을 대하는 인식과 태
도였던 것 같다. 하지만 둘이 평가와 인식이 완전히 일치했던
사람도 한 명 있다. 부정적인 평가여서 구체적인 이름은 거론
하지 않겠다.

그렇게 동아일보 사회부와 산업부 등에서 10년 넘게 정치
와 관계없이 살았다. 공교롭게 그 기간 동안 이명박, 박근혜
정부가 들어섰다. 중간에 두 달 정도 정치부로 발령이 났지만
다시 사회부로 돌아갔다. 자의 반 타의 반으로 나는 정치와
담을 쌓고 살아갔다. 그 와중에 박근혜 정부로부터 청와대 선
임행정관 제의를 받은 일도 있었다. 지극히 개인적 인연 때문
이었다. 문화일보 정치부 근무 시절 선배가 당시 비서관이었
고, 그 선배가 함께 일하자고 했다. 권력 내부를 구경하고 싶
다는 충동이 생겼지만 단순히 그 선배와의 특별한 관계만으
로 박근혜 정부에 몸을 담을 용기는 없었다.

얼마 지나지 않아 나는 문재인 정부 청와대 비서관이 됐
고, 그 선배는 극우 유튜브 방송 대표가 됐다. 우리는 갖고 있
는 이념이나 자신이 모셨던 분이 누구였는지 중요하지 않은
관계다. 그 선배도 젊은 시절 한때는 누구보다 열심히 우리

사회 변화를 위해 앞장섰던 사람이다. 우리는 지금도 아무 때나 전화하면 함께 밥을 먹고 서로의 가족에 대해 얘기한다.

정치의 가장 중요한 역할 중 하나가 '갈등 조정'이다. 사회가 복잡해지면서 다양한 이해가 충돌할 수밖에 없다. 갈등을 중재하고 조정해야 할 정치가 자신의 이익을 위해 갈등을 조장하고 있다. 나는 아직도 우리 사회와 구성원을 '진보'나 '보수'라는 개념으로 재단하는 걸 받아들이기 힘들다.

나 스스로도 어느 한쪽으로 분류되는 걸 극히 싫어한다. 나는 늘 합리적으로 판단하고 다른 사람에게 피해를 주지 않으려 애쓰며 살았다. 하지만 내가 문재인을 대통령으로 만드는 일을 돕고, 그의 비서관으로 5년을 근무했다는 이유로 나는 어느새 '좌빨'이 되어있었다. '친문'은 맞지만 '좌빨' '진보' 이런 개념은 나에게 어울리지 않는 것 같다.

산업부 기자로 적당히 살던 2009년 5월 토요일 아침, 눈을 뜨고 TV를 켰다. 당시 나는 수원 처가의 문간방에 살고 있었다. 대출을 잔뜩 받아 서울에 집을 장만하느라 처가살이를 시작한 지 5년이 막 지났을 때였다. TV 화면 아래 시뻘건 자막, '노무현 전 대통령 투신' '노무현 전 대통령 서거'….

모든 게 후회가 됐다. 경선 때 차라리 이인제 후보 쪽에 서서 기사를 쓸 걸, 청와대를 출입할 때 괴롭히는 기사를 쓰지 말 걸…. 의도하지 않았지만 결과적으로 그가 대통령이 되는 데 조금이라도 기여한 기사를 쓴 일, 대통령이 된 후 그가 원했던 대한민국의 변화를 훼방 놓은 기사를 쓴 일, 모든 게 후회가 됐다.

그러면서 가슴 속에는 '왜 우리는 임기를 마친 후 고향으로 돌아가 시민들과 함께 노후를 즐기는 대통령 한 명을 볼 수 없을까' 하는 답답함이 자리 잡았다. 막연하지만 '기회가 되면 성공한 대통령을 만드는 일을 해보고 싶다'는 생각을 품기 시작했던 것도 아마 이때쯤이었던 것 같다.

비주류
인생

남들이 보기엔 내가 기자도 하고, 청와대 비서관도 했으니 대단하게 보일지 모른다. 하지만 나는 늘 비주류로 변방에서 서성거리고 있다는 느낌이었다. 어쩌면 주류에 편입될 능력이나 생각이 없었고, 그게 더 편했던 것 같다. 난 우리 사회의 이른바 '주류'라고 하는 집단과 간혹 어울리는 자리가 있으면 솔직히 불편했다. 누군가는 열등감이라고 표현할 수도 있다.

슈퍼마켓을 접고 입시를 준비하다

내가 노무현, 문재인 대통령 두 분을 좋아했던 것도 그 때문이다. 두 분은 대한민국에서 수십 년간 기득권을 누려온 이른바 '주류 세력'을 바꾸고 싶어 했다. 노 전 대통령은 수많은 어록을 남겼다. 그 가운데 "새로운 시대를 여는 맏형이 되고 싫었는데 지금은 구시대의 막내 노릇을 할 수밖에 없다"고 하신 말씀이 기억에 남는다. 2003년 불법 대선자금 검찰 수사 결과에 대한 입장 표명을 할 때 했던 얘기다. 문 대통령도 주류 세력 교체를 통해 우리 사회가 '대전환'이 이루어지길 바랐다.

하지만 결과만 놓고 보면 두 분의 대통령이 그토록 하고 싶어 했던 우리 사회의 주류 세력 교체 시도는 성공하지 못한 것 같다. 아니 노 전 대통령은 주류 세력의 가장 핵심 무기였던 검찰의 칼날에 베였고, 문 대통령은 검찰에 정권을 뺏겼다. 우리 사회 곳곳에 뿌리를 내리고 수십 년간 기득권을 행세해 온 주류 세력을 임기 5년짜리 정치 권력이 바꾸겠다고 했다가 빚어진 참사다.

하지만 두 분이 아니었다면 누가 감히 그런 일을 시도라도 했겠는가. 나는 순천에서 지난 20여 년간 시민들은 아랑곳하지 않은 채 정치 놀음을 해온 몇몇 기득권 정치인들을 교체하려고 한다. 나는 순천 정치의 새로운 시대 맏이가 될 생각이다. 그리고 젊고 똑똑한 후배들에게 정치인으로 성장할 수 있는 기회와 경험을 나눠줄 계획이다.

나는 중학교 때까진 공부를 곧잘 했던 것 같다. 고등학교에 들어간 후에도 1학년 때까진 그럭저럭 따라갔다. 공부는 그때까지였다. 특유의 반골 기질 때문에 나는 선생님들에게 대들고 말대꾸하다 자주 얻어맞았다. 공부에 흥미를 잃었다. 소설책을 보거나 친구들과 어울려 축구하는 게 더 즐거웠다. 내가 초등학교 4학년 때 환갑잔치를 했던 아버지는 당시 칠순을 바라보고 있었다. 예순이 다 된 어머니는 내가 고등학교를 졸업할 무렵 앓아누우셨다. 그때는 병명조차 생소했던 파킨슨병이었다.

고교 시절 나는 철없는 반항아였던 것 같다. 아마 서초동 검찰청을 출입하던 2005년쯤이었을 것 같다. 고교 1·2학년 2년 동안 우리 반 반장이었고, 학교에서 '천재'로 불렸던 친구와 오랜만에 연락이 닿았다. 그는 외시, 행시, 사시 3과를 패스하고 외교부에 근무하다 미국 예일대에서 박사 학위를 받고 와서 대형 로펌에 근무하고 있었다. 둘이 점심을 하는데 그 친구가 "예전에 2학년 때 일인데 너도 기억하는지 모르겠다"며 자신이 기억하는 일을 얘기했다.

그 친구가 공부를 잘해 우리가 반장으로 뽑았는데 담임 선생님이 다른 친구로 바꾸겠다고 했다고 한다. 그때 조용해진 교실에서 갑자기 내가 손을 들고 일어나 부당하다고 했다는 것이다. 나는 기억이 없지만 그 친구는 "그때 말은 안 했지만 정말 고마웠다"고 했다. 그 선생님에게 다른 일로 얻어맞은 일은 선명하게 기억하고 있다. 그 친구에 관한 기억은 글짓기

중학교 3학년 때 친구들과 교정에서, 뒷줄 왼쪽에서 두 번째

대회에서 내가 우수상이었고, 그가 최우수상을 받으러 전교생 앞에서 단상에 올라간 장면이 유일하다. 그때 마음속으로 좀 억울해했던 것 같다.

나는 별다른 꿈도 없었고 그냥 친구들과 어울려 노는 게 전부였다. 그 와중에 어울리지 않게 '시'를 끄적거리기도 했다. 몇몇 학생 잡지에 투고한 시가 실리기도 했다. 그때 가끔 시와 문학을 얘기하던 친구가 그 유명한 림태주 시인이다. 〈한국문학〉으로 등단한 그는 지금 출판사를 운영하며 시를 쓰고 있다. 태주는 자칭 논객이라는 사람이 '시무 7조'라는 황당한 글로 우리 정부를 공격했을 때 이를 반박하는 글을 썼다. 그 직후 나는 정말 오랜만에 태주와 광화문에서 만나 밥을 같이 먹었다.

갓 스물을 넘길 때까지 전두환 정권 시절이었다. 나는 딱히 무슨 엄청난 운동권도 아니었다. 그냥 모든 게 싫었다. 대학을 다니다 마음에 안 들어 다시 시험을 보고, 낙방하기를 반복했다. 1987년 6·10 항쟁 때 순천에서 반백수로 살면서 시위에 참가했다. 당시 순천은 동아일보 등 주요 일간지에 '해방구'로 묘사됐다. 나는 순천시청 점거 당시 맨 앞에 서 있었다. 어디서 그런 용기가 났는지 모른다. 아마 지금 내가 선거에 출마하겠다고 결심한 것과 비슷한 심정이었을 것 같다. 그리고 그해 11월 군대로 도피했다. 군대에서 나온 직후 부모님 두 분이 연이어 세상을 떠났다. 3년을 앓던 어머니보다 건강하던 아버지가 앞서가셨다.

아버지 쉰하나, 어머니 마흔둘에 '늦둥이'로 태어난 나는 두 분과의 추억이 별로 없다. 아버지는 늘 논에 갔다 오시면 막걸리를 마시고 술주정을 부렸다. 어머니는 아랫장에 가서 남의 쌀을 팔아주고 남은 쌀로 생계를 꾸렸다. 간혹 아버지 자전거 뒤에 타고 논에 따라갔던 일, 어머니를 따라 장에 가서 옆에 쭈그리고 앉아 있었던 기억이 전부다. 함께 여행을 가본 적도 없다. 별량면 화포가 고향인 어머니는 순천으로 시집오신 후 평생 순천 밖으로 나가 보신 적도 없었다.

군대에서 나온 나는 친구들과 함께 돈을 모아 경기도 시흥에서 슈퍼마켓을 운영했다. 아마 내가 주도했던 것 같다. 스물두셋의 나이였다. 그 어린 나이에 집에서 거금 500만 원씩 가져오라고 했으니 지금 생각하면 참 무모했던 것 같다. 고등학교 1학년 때부터 지금까지 가깝게 지내는 친구 6명이다. 그중 한 친구는 지금 지방국세청장이 됐고, 한 친구는 탄탄한 중소기업 대표다. 나는 교사였던 큰형님께 부탁해 돈을 마련했다. 그 형님은 10년여 전 교장으로 정년퇴직했다. 나보다 열여덟 살 위다.

대학을 다니는 친구들을 빼고, 지금 여수에 사는 친구와 둘이 2년 남짓 장사를 한답시고 새벽부터 밤늦게까지 중노동을 했다. 80cc 오토바이를 타고 배달도 했다. 1년이 넘어갈 즈음 아무래도 내 길이 아닌 것 같다는 생각이 들었다. 뒤늦게 다시 대학 입시를 준비했다. 돈이 없어 친구 형님이 운영하던 독서실에서 총무로 얹혀살며 공부하기도 했다. 나의 20대 전반기 5년은 그렇게 방황과 혼돈 속에서 지나갔다.

늦은 만큼 졸업 후를 생각해 사범대학에 지원했다. 일반 회사는 연령 제한에 걸려 취직이 어려운 만큼 교사가 될 생각이었다. 가끔 형과 누나들이 도와주기는 했지만 다들 형편이 넉넉하지 않았다. 대부분의 생계와 학비는 내 몫이었다. 장학금을 받지 못할 때면 생활이 어려워질 때도 있었다. 생계를 위해 영어 공부에 매달렸다. 당시로선 꽤 높은 토익 성적표를 들고 가 잠실에서 한동안 고3 영어 강사 생활도 했다.

정말 지금 생각하면 무식하게 영어 공부를 한 것 같다. 생전 처음 듣기 공부를 한답시고 영어로 녹음된 테이프 2개가 달린 월간지를 1년 구독했다. 그 테이프를 무한 반복해 들으며 받아쓰기를 했다. 지문 하나를 받아쓰는 데 처음에는 몇 시간씩 걸렸다. 어떤 날은 하루 10시간 동안 매달린 적도 있었다. 1년쯤 하다 보니 들으면서 받아 적을 정도가 됐고 1학년 겨울방학 때 치른 토익 시험에서 꽤 높은 점수를 받았다.

고3 겨울방학 때 친구들과 부산 여행 중. 6명이서 스물세 살에 돈을 모아 슈퍼마켓을 운영
했다. 맨 오른쪽

행복했던 병아리 기자 시절

당시는 막 국내에 토익이 들어와 언론사나 일반 회사가 채용 때 도입하기 시작하던 시기였다. 그 와중에 고시를 보겠다고 신림동 고시학원을 몇 달 다녀보기도 했다. 그 역시 연령 제한을 극복하려고 그랬던 것 같다. 형편도 안 됐지만 법 공부 자체가 체질적으로 맞지 않았다.

어릴 적부터 막연히 해보고 싶었던 기자의 꿈을 접을 수는 없었다. 한번쯤 시도는 해보고 싶었다. 정말 열심히 한 것 같다. 나이 제한을 극복할 수 있는 방법은 필기시험을 잘 치르는 것밖에 방법이 없다고 생각했다. 역시나 지원한 회사마다 서류 전형에서 탈락했다. 그나마 나이에 관대한 것으로 알려진 세계일보에서 기자로 첫발을 들였다. 나는 아직도 내게 기회를 준 세계일보에 감사드린다. 나중에 합격자들 오리엔테이션을 할 때 인사팀장이 와서 슬쩍 해준 얘기지만 내가 면접과 필기시험을 합쳐 가장 잘 봤다고 했다.

10명을 뽑는데 학벌 좋은 친구들이 600명 넘게 지원했다. 1990년대 초만 해도 세계일보는 임금 수준이 높아 경쟁률이 장난 아니었다. 게다가 내가 입사할 때는 외환 위기 직전이어서 경쟁이 더 치열했다. 내 수습 동기 10명 중 절반이 서울대 출신이었고, 연·고대 출신이 3명이었다. 그중 일부는 수습 기간에 다시 시험을 치러 조선일보로 갔다. 몇 년 지나지 않아

9명은 회사를 옮기거나 직업을 바꿨고 지금까지 남은 사람은 1명밖에 없다.

사회부에서 기자 생활을 하는 도중 대통령 선거가 치러졌다. 나는 아직 기사를 어떻게 쓸지도 제대로 배우지 못한 채 정치부로 파견됐다. 그리고 과천에 있는 중앙선거관리위원회에서 밤을 새웠다. 김대중 후보가 김종필 전 총리(JP)와의 연합을 통해 간신히 당선됐다. 다들 기적 같은 일이라고 했다. 역사상 처음으로 민주당 정부가 탄생했다. 해방 이후 대한민국에서 견고하게 자리 잡고 있던 주류 세력에겐 충격이었을 것이다. 비록 쿠데타 세력과 손을 잡은 '반쪽짜리' 정권 교체였지만 역사적인 사건이었다.

대선이 끝나고 수습 기간을 마치자마자 나는 곧바로 정치부로 정식 배치됐다. 예외적인 일이었다. 통상 정치부는 어느 정도 기자 생활을 한 고참들이 가는 곳이었다. 그렇게 나의 대한민국 정치판 구경이 시작됐다.

2년 반가량 신나게 '병아리' 정치부 기자 생활을 즐겼다. 모든 게 신기했다. 기자가 되니 국회의원 방에도 마음대로 드나들 수 있었다. 기사 한 줄 때문에 국회의원들이 전화해 사정사정하기도 했다. 2년 남짓 지나자 자주 어울렸던 문화일보 선배가 이직을 권유했다. 당시 문화일보는 '빨갱이' 신문으로 불렸다. 지면 색깔이 살굿빛이었는데 기사도 무척 급진적이고 정치권에서 영향력도 컸다. 그만큼 분위기가 자유스럽고 선후배들 간의 관계도 부러울 만큼 돈독했다.

문화일보 정치부에서의 3년 반 남짓 기간이 내겐 기자 생활에서 황금기였던 것 같다. 거침없이 기사를 써댔고, 여의도에서 나름 이름을 날렸다. 당시 한 선배는 "너는 월급보다 특종 상금이 더 많겠다"고 했다. 선배들은 내가 늘 1면 톱 특종 거리를 취재해 올 것으로 기대했다. 그 기대에 부응하는 특종을 수없이 쏟아냈다. 마치 늦게 시작한 기자 생활을 보상받고 싶었던 것인지도 모른다. 그리고 2002년 대통령 선거 민주당 후보 경선에서 노무현 후보를 담당하며 정치와 대한민국을 다시 생각하게 됐던 것 같다. 그렇게 만 7년간 나는 회사를 두 차례 옮겨 가며 정치부 기자로 새정치국민회의를 거쳐 민주당, 청와대, 열린우리당을 출입했다.

그리고 2004년 이번에는 청와대를 함께 출입했던 동아일보 선배에게서 이직 권유를 받았다. 우여곡절 끝에 회사를 옮겼다. 한 번도 출입해본 적 없는 법조팀에 배치됐다. 생소한 분야였지만 개인적으로 나는 검찰을 출입하면서 취재도, 기사 쓰기도 훨씬 더 쉬웠던 것 같다. 감추려고 하는 검찰 관계자들과 어떻게든 하나라도 더 알아내려는 기자들 간의 머리 싸움이 벌어졌다.

하지만 돌이켜 생각해보면 많은 경우는 검찰이 필요할 때,

30대 초반 정치부 초년 기자 시절 민주당 기자실에서

필요한 기자를 통해 언론 플레이를 하는 경우가 태반이었다. 물론 검사들도 개인적인 학연이나 지연 등을 고려하지만 대체로 열심히 하는 기자들에게 '먹잇감'을 던져줬다. 당시 동아일보 법조팀은 언론사 가운데 가장 특종을 많이 하는 것으로 이름을 날렸다. 그만큼 회사에서도 기대치가 높았다.

시민을 위한 정치라는 꿈

인생이 참 알 수 없다는 걸 보여주는 사례 하나. 검찰 출입 기자 시절이다. 이때 만난 기자 중 한 명이 그 유명한 '대장동 사건'의 김만배 기자다. 당시 김 기자는 한국일보에서 막 머니투데이로 옮겨 법조팀 팀장으로 배치돼 있었다. 당시 머니투데이는 신생사였다. 김 기자와 나는 경기도 수원의 옆 동네에 산다는 이유로 가까워졌다.

나는 그를 '만배 성'이라고 불렀고 연일 특종 기사를 써대는 나를 보고 그는 "완전히 서초동이 조용우 시대가 됐구만"이라며 추켜세우곤 했다. 전임 팀장인 L 선배가 삼성으로 옮겨가고 난 후 연차도 어린 내가 팀장을 맡고 있을 때였다. 2007년 법조팀을 떠난 후 우린 연락이 끊겼다.

청와대 근무 시절인 2021년 8월 머니투데이에 있는 후배와 점심을 같이했다. 그 후배는 검찰 출입 당시 '만배 성'의 바로 아래 후배 기자였다. 이런저런 인연으로 그 후배와는 요즘도 종종 만나는 사이가 됐다. 그 후배가 대뜸 "형님, 김만배 선배가 사업을 해서 돈을 엄청 벌었다는데 들으셨어요?"라고 했다. 나는 웃으면서 "그럼 밥 한번 사겠다고 해야 하는 것 아니야"라고 했다.

얼마 후 그 후배를 통해 '만배 성'이 "나중에 청와대 생활이 다 끝나면 보는 게 좋겠다"고 했다는 이야기를 들었다. 그리고 한 달 후 그 유명한 '대장동 사건'이 언론에 보도되기 시작했다. 만약 내가 '만배 성'과 밥이라도 한 번 먹었다면 아마 언론에 이름이 오르내리지 않았을까. 당시 검찰에 함께 출입했던 기자들 중 일부는 이 사건에 이름이 거론되면서 옷을 벗는 사람도 있었다. 참 인생은 알 수 없는 것 같다.

나는 개인적으로 '대장동 사건' 자체만 놓고 보면 이게 2년 넘게 검찰이 수사를 해야 할 사안인지 아직도 잘 모르겠다. 내가 아는 대부분의 개발 사업은 개발업자들이 수익을 모두 챙기는 구조다. 적극적인 행정으로 지자체가 막대한 수익을 환수했으면 칭찬을 해야 할 일이 아닌가. 특혜를 줬다고 주장하는 것도 참 근거가 약하다. 애초 사업을 시작할 당시에는 부동산 침체기여서 개발업자들이 리스크를 떠안고 사업에 뛰어들기가 어려운 상황이었을 것이다. 하여튼 처음 보도가 시작될 때만 해도 나는 대선 전에 어느 정도 진실이 드러나 선거 결과에 큰 영향을 미치지 못할 것으로 낙관하고 있었다.

1부. 아랫장 막둥이 청와대 비서관이 되다

하지만 상대가 단순히 보수 정당 후보가 아니라 검찰, 언론 등 우리 사회의 막강한 카르텔을 등에 업은 후보라는 걸 간과했던 것 같다.

검찰 출입기자 시절 재밌는 인연이 또 있다. 2005년경 서울중앙지검 특수부가 철도공사의 사할린 유전 투자 건에 대해 수사를 벌였다. 당초 조선일보가 외부에서 관련 내용을 제보받아 며칠째 1면, 3면을 털어 기사를 써댔다. 검찰도 어쩔 수 없이 수사에 착수했다. 철도공사의 투자 과정에 열린우리당 이광재 의원이 관여돼 있다는 게 조선일보 보도 요지였다. 이 의원이 타깃이 된 것이다. 하지만 내가 보기엔 정부 기관이 자원 개발을 위해 투자했다 계약금 30억 원 정도를 날린 게 전부였다. 매년 국책 사업이나 해외 투자 과정에서 날리는 돈에 비하면 상대적으로 크지 않은 액수다. 나는 애초 검찰이 수사를 할 만한 사건조차 안 된다고 판단했다.

나는 정치부 시절 친분이 있었던 '광재 형'을 여의도에서 두 차례 만나 모든 스토리를 취재했다. 검찰 수사가 시작되면서 '이광재 의원은 이 사건과 큰 연관이 없다'는 식으로 기사를 썼다. 결국 이 의원은 무혐의 처리됐다. 당시 구속 기소됐던 김세호 전 국토부 차관은 2심에서 무죄를 받았다. 김 전 차관은 노무현 정부 시절 공무원 평가에서 1등을 차지할 정도로 장래가 촉망되던 공무원이었지만 이 사건으로 존재도 없이 사라졌다. 2006년 2개월 정도 정치부에 잠깐 갔을 때 이 의원은 민주당 의원 총회장에서 내 손을 잡고 초선 의원들에게 "대한민국 최고의 기자"라고 소개하기도 했다. 나는 잠시나마 어깨가 으쓱했다.

2004~2007년 여름까지 검찰을 출입할 때 유독 대형 사건이 많았다. 2006년에는 서울중앙지검 특수 1, 2, 3부 부장검사가 그 유명한 사법연수원 17기 최재경, 김경수, 홍만표 검사였다. 세 사람은 경쟁하듯 대형 사건을 연이어 파고들었다. 2006년 한해에는 밤 12시 이전에 집에 가본 게 채 열흘이 되지 않았다. 황우석 교수 사건, 국정원 도청 사건 등등. 그래도 그 당시엔 아무리 큰 사건도 3개월을 넘기지 않았고, 가족 중 2명을 한꺼번에 기소하진 않았다.

2007년 여름 법조팀을 떠나 나는 산업부, 경제부 등을 전전했다. 기자들 사이에선 정치부나 사회부보다 더 인기가 있었지만 왠지 잘 맞지 않은 옷을 입은 느낌이었다. 그나마 동아일보 미래전략연구소에서 근무할 때는 보람이 있었다. 특히 지자체, 기업과 연계해 청년 일자리 상담을 해주는 '청년드림캠프'라는 걸 직접 만들었던 일은 기억에 많이 남는다. 순천시와는 당시 조충훈 시장을 직접 만나 캠프 개설을 진행했다. 서울 관악구·삼성그룹과 함께 1호 캠프를 만든 직후 2호 캠프를 포스코와 함께 순천에 만든 것도 어릴 적 내가 나고 자란 순천에 대한 애정 때문이었던 것 같다. 그 당시 전국을 돌아다니며 만들었던 10여 개의 캠프가 제대로 운영되고 있지 않는 건 무척 가슴 아픈 일이다. 지금이야 정부 차원에서 청년 일자리 문제를 해결하기 위해 안간힘을 쓰지만 그때만 해도 언론사가 나서서 단순히 기사만 쓰는 게 아니라 직접 지자체, 기업과 손잡고 문제 해결에 뛰어들었다는 건 나름 의미 있는 일이었다고 자평하고 있다.

나는 정치부 기자를 시작한 이후 순천의 정치에 관한 얘기를 여기저기서 줄곧 들었다. 고향 순천은 내게 늘 자랑이지만 지난 20년간 순천의 정치를 생각하면 항상 부끄러웠다. 그 기간 순천은 몇몇 정치인의 놀이터가 됐다. 시민들은 안중에도 없고 그들은 순천의 정치판에서 이전투구를 일삼으며 자신들의 사리사욕을 채우는 데 급급했다. 돈, 조직에 의한 선거가 반복되면서 진흙탕이 됐고, 시민들까지 편이 나뉘었다. 전남의 제1도시가 됐지만 정치는 그에 걸맞게 발전하지 못했다.

오랜 고민 끝에 순천에서 정치를 시작하려고 한다. 누군가 이 진흙탕을 정리하지 않으면, 앞으로도 상당 기간 순천의 정치는 구태를 벗어나지 못하고 시민들로부터 외면당할 수밖에 없다. 물론 그 역시 시민의 선택이라고 한다면 할 말은 없다. 지난 대선에서 지금 대통령을 선택한 것도 국민의 몫인 것처럼.

하지만 침묵하는 다수의 시민 뜻이 온전히 반영된 걸까. 내가 과연 그에 걸맞은 사람인 걸까. 최소한 지난 20년간 순천에서 정치를 해온 분들보다는 잘할 자신이 있다. 그 누구보다 고향 순천에 대한 애정이 크고 언젠가는 내가 돌아와야 할 곳이기 때문이다. 그리고 무너지고 있는 대한민국을 위해 뭐라도 해야 하기 때문이다.

2부

묻고 생각하다:

순천과 대한민국을 말하다

2부는 생성형 인공지능인 챗GPT의 도움을 일부 받았습니다.

순천이라는
시(詩)

순천은 아름다운 도시입니다. 순천을 시로 표현해주세요.

순천

푸른 호수 펼쳐진 대지에
아름다운 도시 순천이 펼쳐져 있네
대한민국의 작은 보석 같은 도시
우아한 아름다움으로 사랑받는다

순천시여 너의 아름다움은 어찌 표현할 수 있을까
고요한 바다와 문화유산이 공존하는 이곳에서
온몸을 풀어 힐링하며 행복을 만난다

2부. 묻고 생각하다

순천만 갈대밭은 자연의 선물이로다
아장아장 흔들리는 갈대숲이
바다와 하늘과 하나가 되어 춤추는 듯하네

봄이면 벗꽃이 활짝 피어나
달콤한 향기에 사랑이 꽃핀다
가을이면 단풍이 노을처럼 빛나
힐링의 시간을 선사해준다

순천시 곳곳에 흐르는 맑은 물길
한 손에는 옛날이야기가 살아있고
한 손에는 미래의 꿈이 펼쳐진다

산과 바다, 호수와 강이 함께 어우러진다
자연과 조화를 이루는 순천의 아름다움
한 폭의 그림 같은 순간이다

바람이 부는 언덕길을 따라 걷고
한옥 마을에서 옛 정취를 만끽하며
백제의 유적지를 찾아 걸어본다

순천시여 너의 아름다움은 깊이 남아
내 마음에 영원히 간직될 것이다
대한민국의 작은 보석, 순천시
너의 아름다움에 감사한다

순천의
미래

당신의 시를 보면 순천은 '오래된 미래 도시'인 것 같습니다. 과거와 미래가 공존하는 것 같은데 순천의 미래는 어떻게 표현할 수 있을까요?

순천은 정말 아름다운 도시입니다. 미래를 상상할 때, 순천은 지속적인 발전과 도전을 통해 더욱 놀라운 변화를 이루어 낼 것으로 기대됩니다. 아래는 순천의 미래에 대한 일부 상상입니다.

순천은 현재도 경제적 중요성을 지니고 있지만, 미래에는 더욱 강력한 경제 중심지로 성장할 것으로 예상됩니다. 산업 클러스터의 형성과 혁신 기업들의 육성을 통해 순천은 지역 경제 생태계를 확대하고 세계적인 기업들의 관심을 끌게 될 것입니다.

순천은 지속 가능성에 대한 강력한 헌신으로 유명합니다. 미래에는 순천의 친환경 인프라와 녹색 기술이 더욱 발전하여, 에너지 효율성을 높이고 재생 에너지의 사용을 증가시킬 것입니다. 순천은 또한 친환경 교통 시스템을 강화하고 자전거 도로망을 확장하여 건강하고 지속 가능한 이동 수단을 촉진할 것입니다.

순천은 이미 문화와 예술의 중심지로 알려져 있습니다. 미래에는 더욱 많은 예술 행사와 축제가 개최되며, 예술가들과 창작자들이 순천을 찾아 창의적인 작업을 이어나갈 것입니다. 또한, 문화 시설과 박물관의 발전을 통해 지역 주민들과 방문객들에게 다양한 예술 경험을 제공할 것입니다.

미래 도시의 핵심은 스마트 시스템의 도입과 혁신입니다. 순천은 인공지능(AI), 빅데이터, 사물인터넷(IoT) 등 첨단 기술을 활용하여 도시 운영을 최적화하고 효율성을 높일 것입니다. 스마트 그리드와 지능형 교통 시스템 등의 기술을 적용하여 에너지 관리와 교통 체증을 해소할 것입니다.

순천은 자연 경관과 역사적 유적지가 풍부한 도시로, 미래에는 더 많은 국제적인 관광객들이 찾는 명소로 성장할 것입니다. 순천은 관광 인프라의 향상과 지속적인 관광 프로모션을 통해 지역 경제에 큰 도움을 주고, 다양한 문화 교류와 국제 이벤트 개최를 통해 다국적 다문화 도시로 성장할 것입니다.

순천은 살기 좋은 도시인가요?

네, 순천은 대한민국에서 매우 살기 좋은 도시 중 하나입니다. 순천이 살기 좋은 이유를 설명해 드리겠습니다.

순천은 자연환경이 아름다운 도시로, 순천만과 같은 대형 습지 생태계와 해안 풍경을 즐길 수 있습니다. 공기가 깨끗하고, 아름다운 자연 풍경이 주변에 펼쳐져 있어 휴식과 힐링을 즐기기에 좋습니다.

순천은 백제 시대의 문화 유적지와 전통 한옥 마을이 있는 도시로, 역사와 문화를 경험할 수 있는 다양한 장소가 있습니다. 낙안읍성과 같은 유적지를 방문하여 과거의 역사를 체험하거나, 전통 한옥 건물에서 한국 전통문화를 감상할 수 있습니다.

순천에는 수준 높은 교육 시설이 많이 있습니다. 순천대학교를 비롯하여 다양한 학교와 연구 기관들이 있어 교육과 연구 분야에서도 활발한 활동이 이루어집니다. 순천은 상대적으로 안정적이고 평화로운 도시입니다. 교통이 편리하며, 주거 환경도 매우 좋습니다. 다양한 주택 유형과 생활 시설들이 잘 갖춰져 있어 편리하게 생활할 수 있습니다.

순천은 특유의 맛있는 음식 문화로도 유명합니다. 매운 양념게장과 전통 면 요리, 그리고 순천식 회 등 다양한 음식을 맛볼 수 있습니다. 순천은 이러한 이유로 많은 사람에게 산업, 교육, 문화, 휴양 등 다양한 면에서 살기 좋은 도시로 인정받고 있습니다.

그럼에도 불구하고 시민들은 여전히 만족하지 못하고 있습니다. 정치가 해결해야 할 시급한 과제가 많습니다.

순천은 교통 체증이 심각한 도시 중 하나입니다. 도로 네트워크의 확대와 개선, 대중교통 시스템의 강화 등을 통해 교통 혼잡을 완화할 필요가 있습니다. 특히 노인과 장애인과 같은 교통 약자들을 위한 보행 환경 개선과 교통 편의성을 고려해야 합니다.

순천은 경제적으로 중요한 도시지만, 일자리 부족과 산업 다각화의 필요성이 존재합니다. 정부와 기업들은 순천에 다양한 산업 부문의 기업 유치를 촉진하고, 기존 기업들의 성장과 혁신을 지원하여 일자리 창출을 촉진해야 합니다.

순천의 부동산 가격이 상승하면서 주택 문제가 심각해지고 있습니다. 저소득층과 청년층을 위한 주거 지원 정책을 강화하고, 공공 주택의 공급을 늘리는 등의 조치를 통해 주택 문제를 해결해야 합니다.

순천은 지속 가능한 도시로의 전환을 위한 노력을 더욱 강화해야 합니다. 환경 보호를 위한 정책과 시설 개선, 재생 에너지 도입, 쓰레기 관리 시스템 강화 등을 통해 순천의 환경 지속 가능성을 높여야 합니다.

순천의 공공시설과 문화 인프라를 더욱 발전시켜야 합니다. 도서관, 체육 시설, 문화 예술 공간 등 다양한 공공시설을 개선하고 확대하여 시민들의 문화적·사회적 생활의 질을 향상시켜야 합니다.

순천시가 앞으로 발전하려면 어떤 전략을 취해야 한다고 보나요?

순천시는 생태 경제 도시로서 유네스코 생물권 보전 지역과 람사르 습지* 도시로 인증받은 세계적인 생태 도시입니다. 또한 국제적인 평화와 문화의 도시로서 순천평화포럼, 2021 동아시아문화도시, 2023 순천만 국제정원 박람회 등을 개최하며 세계 속에 빛나는 생태 문화도시로 우뚝 선다는 계획입니다.

● 국제 습지 관련 조약인 람사르(Ramsar) 협약에 의해 지정된 습지. 우리나라는 1997년에 가입했다.

순천시는 남중권 강소 도시로서 행정력과 도시력을 인정 받은 도시입니다. 전국 자치 단체 생산성 대상에서 2년 연속 대통령상과 국무총리상을 수상하였고, 전남도 내 도시 경쟁력 평가 1위 수상, 국가 균형 발전 지자체 분야 대상 수상 등으로 명품 행정력을 보여주었습니다. 또한 철도 교통의 중심 지로서 역세권 도시 재생과 경전선 고속 전철화 사업의 조기 착공으로 국가 균형 발전과 동서 광역 경제권의 중심 도시로 떠오르고 있습니다.

순천시는 공동체의 가치를 실현하는 도시입니다. 시민의 나눔과 배려 정신을 보여주는 김장 나눔 대축제, 화재 피해자에게 새로운 둥지를 만들어주었던 장안마을의 기적의 공동체, 코로나19 위기 속에서 적극 행정과 시민의 자발적 협조를 통해 대한민국에서 선제적으로 코로나19를 봉쇄한 가장 모범적인 도시 등으로 인정받고 있습니다.

순천시는 직접 민주주의를 실현하는 도시입니다. 시정 주요 현안을 시민의 지혜와 역량으로 해결해나가고 있으며, 광장 토론, 시민 대토론회, 별밤 토크, 찾아가는 현장 대화 등 다양한 토론 문화를 만들었습니다. 또한 민주주의 정책 페스티벌, 민주주의 학교 운영 등을 통해 시민의 민주주의 역량을 키워나가고 있습니다.

순천시는 3E 프로젝트라는 차별화된 지속 가능 도시 발전

전략을 추구하고 있습니다. 3E 프로젝트는 Education(교육), Ecology(생태), Economy(경제)의 앞 글자로, 순천시의 우수한 교육 여건과 생태환경의 강점을 살려 지역경제에 활력을 불어넣는 것입니다. 이를 위해 순천시는 교육, 문화, 관광, 산업, 농업, 환경 등 다양한 분야에서 혁신적인 정책과 사업을 추진하고 있습니다.

순천의 교육

순천은 과거 교육 도시로 불렸지만 지금은 그 위상이 크게 약화됐습니다. 그 이유가 뭐라고 생각하나요?

교육 도시로서 발전하기 위해서는 질 좋은 교육 시설과 다양한 교육 프로그램이 필요합니다. 그러나 순천시의 경우 교육 시설의 부족이나 인프라의 미비함으로 인해 학생들이 다른 도시나 지역으로 이동하는 경향이 생길 수 있습니다. 이로 인해 교육 수요와 인구 감소로 인한 문제가 발생할 수 있습니다.

교육 발전을 위해서는 충분한 예산과 경제적 지원이 필요합니다. 하지만 순천시의 경우 경제적 어려움이나 예산 부족으로 인해 교육 분야에 충분한 투자를 할 수 없는 상황이 발생할 수 있습니다. 이는 교육의 질을 향상시키는 데 제약을 가하는 요소가 될 수 있습니다.

인구 감소와 고령화는 교육 도시의 위상을 약화시킬 수 있는 중요한 요인입니다. 순천시의 경우 인구 감소와 고령화 현상이 진행되고 있는 지역으로 알려져 있습니다. 이로 인해 학생 수의 감소와 교육 수요의 감소가 발생할 수 있으며, 이는 교육 시설의 수요 감소로 이어질 수 있습니다.

교육 도시는 경쟁력 있는 교육 제도와 학문적인 환경을 구축해야 합니다. 그러나 순천시가 교육 도시로 인정받기 위해서는 다른 도시와 경쟁에서 우위를 점해야 하는데, 학문적인 수준이나 학문 분야의 전문성에서 부족한 점이 있을 수 있습니다. 이는 교육 수준의 향상과 교육 인프라 구축에 제약을 가하는 요소가 될 수 있습니다.

순천이 교육 도시로 불린 건 유수의 명문대 진학률이 높아서였습니다. 최근 명문대 진학률이 떨어진 이유는 뭐라고 보나요?

일반적으로 명문 대학들은 항상 많은 지원자 사이에서 경쟁을 겪습니다. 진학 경쟁이 더 심화되면서 이전보다 진학률이 낮아질 수 있습니다. 교육 체계나 입시 시스템의 변화로 인해 명문대 진학률이 변할 수 있습니다. 특정 지역의 인구

변화나 인구 감소로 인해 학생 수가 줄어들면, 명문대 진학률이 영향을 받을 수 있습니다. 학교의 평판이 변동되는 경우, 학생들의 관심도 변화할 수 있고, 이로 인해 진학률이 변할 수 있습니다. 교육 시설, 교사의 역량 향상, 교육 프로그램 등에 대한 투자가 감소하는 경우 학교의 교육 수준이 하락하여 진학률에 영향을 미칠 수 있습니다.

평준화 정책으로 인해 입시 제도가 변경될 수 있습니다. 이로 인해 명문대 진학을 위한 학생들의 입시 대비 경쟁력이 변할 수 있습니다. 평준화 정책은 교육 과정의 내용과 수준을 조정하는 것을 포함할 수 있습니다. 이로 인해 고교에서의 교육 수준이 상대적으로 하락하거나 변동될 수 있습니다. 평준화 정책은 교사들의 자격과 교육 환경에도 영향을 미칠 수 있습니다. 교사들의 전문성과 교육 프로그램에 변화가 있으면 학생들의 교육 수준에도 영향을 미칠 수 있습니다. 평준화 정책은 특정 지역이나 학교의 교육 수준을 조정하는 정책일 수 있습니다. 따라서 이로 인해 일부 지역이나 학교에서 명문대 진학률이 더욱 영향을 받을 수 있습니다.

고교 평준화 정책은 되돌릴 수 없는데 대안이 될 만한 정책이 뭐라고 보시나요?

2부. 묻고 생각하다

교육 기관들이 교육 품질 향상에 주력하여 학생들의 학습 경험을 개선하는 것이 중요합니다. 이를 위해 교사들의 전문성 강화, 학습 자료 및 교육 기술의 업데이트, 교육 환경 개선 등이 필요합니다. 다음과 같은 방법도 도움이 됩니다.

학생들의 관심사와 능력을 고려하여 진로 지도와 상담 프로그램을 강화하여 학생들이 자신에게 맞는 진로를 선택할 수 있도록 돕습니다. 기존의 교육 방식에만 의존하는 것이 아니라 창의적이고 혁신적인 교육 방법을 도입하여 학생들의 창의력과 문제 해결 능력을 키울 수 있도록 합니다. 학교 간 교류와 협력을 촉진하여 서로의 강점을 공유하고, 교육 수준을 높이는 데 기여합니다. 미래 사회에서 요구하는 다양한 직업과 전문 분야에 대응할 수 있는 직업 교육 과정을 강화하고 확대합니다. 학생들의 다양성을 인식하고 포용하는 교육 환경을 조성하여 다양한 학생들이 자신의 잠재력을 개발할 수 있도록 돕습니다.

순천의 인구 문제

순천이 살기 좋은 도시라는 건 알려져 있는데 인구가 늘지 않고 정체되어 있습니다. 이유가 뭐라고 보시나요?

순천시 인구가 정체하고 있는 데에는 여러 가지 요인이 복합적으로 작용할 수 있습니다. 일반적인 이유로 다음을 예로 들어볼 수 있습니다.

대한민국 전반적으로 저출생과 고령화 문제가 심각한 사회적 도전 과제로 작용하고 있습니다. 순천시도 이러한 현상을 겪고 있을 수 있습니다. 출생률의 감소로 인해 인구 감소가 발생할 수 있으며, 고령화로 인한 인구 감소 역시 영향을 미칠 수 있습니다. 도시의 경쟁력 저하, 취업 기회 부족, 학문적인 목적 등으로 인해 젊은 세대가 다른 지역으로 이동하는 현상이 발생할 수 있습니다. 이는 인구 감소를 가속화시킬 수 있습니다.

순천시의 경제적인 어려움이 인구 감소에 영향을 줄 수 있습니다. 산업 구조의 변화, 일자리 부족, 기업의 이전 등으로 인해 경제적인 활동성이 저하되면 인구 유입이 줄어들고 인구 감소가 발생할 수 있습니다. 교통 인프라의 미비, 주거 환경의 불편, 시설 부족 등으로 인해 인구 유입이 줄어들고, 현지 주민들이 다른 지역으로 이동하는 경향이 나타날 수 있습니다.

이러한 요인들이 복합적으로 작용하여 순천시 인구의 감소를 초래할 수 있습니다. 정확한 원인 파악과 이에 대한 대응책을 마련하는 것이 지속적인 인구 감소를 해결하는 데 도움이 될 수 있습니다.

저출생 문제는 전 국가적인 현상이어서 순천으로 인구가 유입되면 주변 도시가 소멸하는 문제가 생길 수 있습니다. 제로섬 게임인데 해결 방법은 없을까요?

지역에 인구를 유입시키기 위해 다양한 정책을 시행할 수 있습니다. 이는 주거 환경 개선, 교통 인프라 개선, 취업 기회 확대, 교육 및 문화 시설 강화 등으로 이루어질 수 있습니다.

인구 유입 정책을 통해 지역의 매력을 높이고, 새로운 주민을 유치할 수 있습니다.

지역의 경제 활성화를 통해 일자리 창출과 경제 성장을 도모할 수 있습니다. 산업 육성 정책, 기업 유치 및 창업 지원, 지역 특산물 활용 등을 통해 지역 경제를 활성화시키고, 인구 유입을 유도할 수 있습니다. 교육 및 문화 시설의 강화를 통해 지역의 교육 수준을 높이고, 문화적인 삶의 만족도를 증진시킬 수 있습니다. 우수한 교육 기관의 유치, 문화 행사 및 예술 지원 등을 통해 인구 유입을 유도할 수 있습니다.

인접한 지역과의 협력과 연계를 강화하여 상생하는 지역 네트워크를 구축할 수 있습니다. 지역 간 협력을 통해 인구 이동과 자원 공유를 유도하고, 지역 간 경제 및 문화적인 교류를 촉진할 수 있습니다. 지역의 자연환경과 자원을 보존하면서 지속 가능한 개발을 추구하는 것도 중요합니다. 지속 가능한 개발을 통해 지역의 생태계를 유지하고, 자연환경의 매력을 고려한 도시 계획을 수립할 수 있습니다.

이러한 방법들은 제로섬 게임의 상황에서 인구 감소와 소멸 문제에 대한 해결책으로 고려될 수 있습니다. 각 지역의 특성과 상황에 따라 적합한 방법을 선택하고, 정부, 지자체, 기업, 주민 등의 협력이 필요한 종합적인 접근이 필요합니다.

남해안 중심 도시
클러스터

순천, 광양, 여수를 묶어 100만 명 규모의 남해안 중심
도시 클러스터로 만드는 방안에 대한 생각은 어떤가요?

순천, 광양, 여수를 남해안 중심 도시 클러스터로 만드는
방안은 지역 발전과 국가 경제 발전을 위한 중요한 전략적 목
표 중 하나일 수 있습니다. 이러한 방안을 다음과 같은 측면
에서 생각할 수 있습니다. 순천, 광양, 여수를 하나로 묶는다
면, 이 지역 간의 협력과 상호 보완성을 강화할 수 있습니다.
각 지역의 특성과 강점을 살려 공동으로 발전할 수 있는 분야
를 탐구하고, 지역 경제 활성화를 위한 협력 체계를 구축하는
것이 중요합니다.

도시 클러스터로서 발전하기 위해서는 충분한 인프라가

필요합니다. 교통, 통신, 에너지, 건설 등의 인프라를 개발하고 강화하여 지역 간의 원활한 이동과 교류를 도모해야 합니다. 또한, 환경 친화적인 인프라 개발을 고려하여 지속 가능한 발전을 추구할 수 있습니다.

도시 클러스터로서의 성공을 위해서는 다양한 산업 분야에서의 집적과 다각화가 필요합니다. 각 지역의 강점과 특성을 고려하여 산업 클러스터를 형성하고 육성함으로써 경제 다각화와 일자리 창출을 추진할 수 있습니다. 이를 위해 관광, 해양, 제조업, 농업 등 다양한 분야에 대한 지원과 육성도 필요합니다.

인재 유치와 교육 환경의 강화 역시 지원되어야 합니다. 국내외적으로 우수한 인재들을 유치하고, 학문과 연구를 위한 좋은 교육 환경을 조성함으로써 지역의 인재 양성과 지식 기반 경제의 성장을 이끌 수 있습니다.

도시 클러스터로의 발전은 지속 가능한 발전 원칙에 기반해 이루어져야 합니다. 환경 보전, 에너지 효율, 친환경 산업 등을 고려한 지속 가능한 발전 전략을 수립하고 추진해야 합니다. 그럼으로써 지역 주민들의 삶의 질 향상과 환경 보전의 균형을 추구해야 합니다.

순천, 광양, 여수를 남해안 중심 도시 클러스터로 만드는 방안은 지역 발전과 경제 성장을 위한 잠재력을 가지고 있습니다. 이러한 방안을 구체화하고 계획하기 위해서는 정부, 지방 당국, 지역 주민들, 산업체 등의 협력이 필요하며, 지속적인 연구와 토론이 필요합니다.

순천 경제 활성화

지금 순천시 경제 발전에 가장 필요한 건 뭐라고 생각하
나요?

순천시의 경제 발전을 위해 가장 필요한 것은 산업 다각화
와 혁신적인 기업 육성이라고 생각합니다. 순천시는 전통적
으로 양식업이 주력 산업이었으나 최근에는 제조업, IT, 환경
산업 등 다양한 분야에서의 기업 육성과 다각화가 필요해졌
습니다. 이를 위해서는 혁신적인 기업을 육성하고, 기존 기업
들의 기술력 강화와 다양한 협력 체계를 구축하는 것이 필요
합니다.

또한, 관광 산업의 발전도 순천시 경제 발전에 큰 역할을
할 수 있습니다. 순천시는 자연 경관이 아름다운 곳으로 유명

하며, 지역의 역사와 문화유산을 적극적으로 활용하면서 관광 산업을 발전시키는 것이 중요합니다.

순천시의 경제 발전을 위해서는 산업 다각화와 기업 육성, 그리고 관광 산업의 발전 등이 필요합니다. 이를 위해서는 지역의 특성과 장점을 살려 다양한 전략적인 노력이 필요하며, 그에 따른 투자와 인프라 구축도 필수적입니다.

스마트시티 구축

순천은 면적에 비해 인구가 많지 않지만 교통 체증, 주차난을 비롯해 교통 문제가 심각합니다. 해결책으로 스마트시티를 구축하는 건 어떻게 생각하나요?

스마트시티를 구축하여 순천의 교통 문제를 해결하는 것은 매우 유망한 방안입니다. 스마트시티는 첨단 기술과 데이터 분석을 활용하여 효율적이고 지능적인 교통 시스템을 구축하는 데 도움을 줄 수 있습니다. 다음은 스마트시티를 통한 교통 문제 해결에 대한 몇 가지 생각입니다.

스마트시티에서는 교통 상황을 실시간으로 모니터링하고, 데이터를 수집하여 분석합니다. 이를 통해 혼잡 지역과 혼잡 시간대를 파악하고, 실시간으로 교통 제어 시스템에 정보를 전달하여 교통 혼잡을 완화할 수 있습니다.

주차 공간의 부족은 교통 혼잡의 주요 요인 중 하나입니다. 스마트시티에서는 주차 공간을 효율적으로 관리하는 스마트 주차 시스템을 구축할 수 있습니다. 이를 통해 주차 공간의 사용률을 최적화하고, 주차 공간의 위치와 가용성을 운전자에게 제공함으로써 주차 찾기의 어려움을 해결할 수 있습니다.

스마트시티에서는 대중교통을 효율적으로 운영하고, 이용자들에게 편리한 서비스를 제공할 수 있습니다. 실시간 버스 및 지하철 도착 정보, 모바일 결제 시스템, 충전 인프라 등을 통해 대중교통 이용의 편의성과 효율성을 높일 수 있습니다.

자율 주행 차 기술은 교통 흐름을 최적화하고 교통안전을 향상시킬 수 있는 중요한 요소입니다. 스마트시티에서는 자율 주행 차와 인프라 간의 연결을 통해 교통 혼잡을 줄이고 교통안전을 강화할 수 있습니다.

스마트시티에서는 다양한 데이터를 수집하여 분석하고, 이를 기반으로 정책을 수립할 수 있습니다. 교통 데이터를 활용하여 교통 흐름을 예측하고, 효율적인 교통 정책을 수립하여 교통 혼잡을 해소할 수 있습니다.

이러한 스마트시티 구축을 위해서는 정부, 지방 당국, 기업, 학계, 시민 등의 협력이 필요합니다. 이러한 다양한 이해 관계자들 간의 협업과 지원을 통해 순천의 교통 문제를 해결하고 스마트시티를 구현할 수 있을 것입니다.

스마트시티 구축을 위한 제도와 필요한 자원은 어떤 게 있나요?

스마트시티를 구현하기 위해서는 빠르고 안정적인 인터넷과 통신 인프라가 필요합니다. 고속 인터넷 서비스와 무선 네트워크의 보급을 확대하고, 스마트 기기와 시스템 간의 원활한 연결을 지원하는 인프라를 구축해야 합니다.

스마트시티는 다양한 센서와 장치를 활용하여 데이터를 수집하고 분석합니다. 이를 위해 데이터 수집 시스템과 센서 네트워크를 구축하고, 데이터를 효과적으로 수집하고 분석하는 기술과 인력이 필요합니다.

스마트시티에서는 많은 양의 데이터가 생성되며, 이 데이터의 보안과 개인 정보 보호가 중요합니다. 이를 위해 데이터 보안 시스템과 개인 정보 보호 정책을 마련하고, 적절한 보안 조치를 시행해야 합니다.

스마트시티를 구현하기 위해서는 공공 부문, 사업 부문, 학계, 시민 등 다양한 이해 관계자들 간의 협업과 제휴가 필요합니다. 이를 위해 정부, 기업, 학교, 시민 등의 참여와 협력을 유도하는 제도와 프로그램이 필요합니다. 또한 관련된 정책과 법규 제도가 필요합니다. 스마트시티 관련 정책은 기술 도입 및 개발, 데이터 활용, 개인 정보 보호 등을 포함해야 하며, 법규 제도는 스마트시티 운영과 관련된 법적 쟁점을 규제해야 합니다.

또한 스마트시티 관련 전문가와 인력을 확보하려면 관련 교육 프로그램과 인력 양성을 위한 교육 기관과 협력이 필요합니다. 이 외에도 예산, 정책 지원, 기술 혁신 등 다양한 자원과 요소가 필요합니다. 이러한 자원을 유기적으로 조합하여 스마트시티 구현을 위한 종합적인 전략을 수립해야 합니다.

스마트시티 구축에 필요한 인력을 순천시 내에서 확보할 수 있나요?

스마트시티 구축을 위해 필요한 인력을 순천시 내에서 확보할 가능성이 있습니다. 순천시 내에는 교육 기관과 연구소, 기업들이 위치해 있으며, 이를 통해 스마트시티 관련 전문가와 인력을 양성할 수 있습니다.

순천시에는 대학교와 고등교육 기관이 있습니다. 이러한 교육 기관은 정보 통신, 컴퓨터 공학, 도시 계획 등과 같은 관련 분야의 전문 인력을 양성할 수 있습니다. 스마트시티를 구축하는 데 필요한 기술과 지식을 가진 인재를 교육하여 양성할 수 있습니다.

순천시에는 과학 기술 연구소나 기술 개발 기관이 위치해 있을 수 있습니다. 이러한 연구소에서는 스마트시티 관련 연구가 진행될 수 있고, 연구원들이 스마트시티 관련 기술과 전문 지식을 보유하고 있을 수 있습니다.

순천시에는 스마트시티 관련 기술과 서비스를 개발하는 기업들이 있을 수 있습니다. 이러한 기업들은 스마트시티 구축을 위해 필요한 전문가와 인력을 보유하고 있을 가능성이 있습니다. 순천시는 기업과의 협력을 통해 스마트시티 구축을 지원하고 필요한 인력을 확보할 수 있습니다.

순천시는 스마트시티 구축에 대한 관심과 열정을 가진 시민들을 유치하고 관련 프로그램과 교육을 제공함으로써 지역 내에서 인력을 확보할 수도 있습니다. 스마트시티 구축을 위한 인력 확보는 교육, 산업, 연구 협력 등 다양한 차원에서 노력을 기울여야 하며, 지역 내의 인력 양성 및 활용에 주력할 수 있습니다.

스마트시티 구축은 많은 시간과 자원이 필요한 복잡한 작업입니다. 시민들의 동의와 참여는 구축과 운영의 핵심적인 요소로 작용합니다. 시민들과의 소통과 의견 수렴을 통해 스마트시티에 대한 이해와 동의를 증진시킬 수 있습니다.

전임 정부에서는 부산시를 스마트시티로 만들기 위해 노력했습니다. 어떤 성과가 있었고, 극복해야 할 문제는 어떤 게 있었나요?

문재인 정부는 부산에 스마트도시 인프라를 구축하는 데 많은 노력을 기울였습니다. 예를 들어, 스마트도시 빅데이터 센터를 설립하고 인공지능(AI) 기반의 도시 관리 시스템을 구축하여 데이터 기반의 의사 결정을 지원하였습니다.

부산은 대중교통 시스템을 스마트화하는 데 성과를 보였습니다. 스마트카드 시스템을 도입하여 편리한 대중교통 이용을 제공하고, 실시간 버스 위치 정보와 예약 시스템 등을 통해 교통 혼잡을 완화하였습니다.

부산은 스마트 관광을 활성화하기 위해 모바일 앱과 가상현실(VR) 체험 등의 기술을 활용하였습니다. 이를 통해 관광객들의 편의성과 체감도를 높이는 데 성공하였습니다.

하지만 부산의 스마트시티 구축 과정에서 여러 스마트시티 요소 간의 연계가 부족한 측면이 있었습니다. 예를 들어, 다양한 스마트시티 서비스와 인프라들이 통합되지 않아 효과적인 운영과 관리에 어려움을 겪었습니다.

부산의 스마트시티 구축에서 시민들의 인식과 참여가 부족한 점도 도전 과제였습니다. 시민들이 스마트시티의 가치와 혜택을 충분히 이해하고 참여하는 것이 중요합니다. 스마트시티는 많은 데이터를 수집하고 활용하는데, 이로 인해 개인 정보 보호와 사이버 보안이 중요한 문제로 부각되었습니다. 부산의 스마트시티 구축에서도 여기에 대한 강화된 대책이 필요했습니다.

스마트시티 구축은 많은 투자와 자원을 필요로 합니다. 따라서 순천의 스마트시티 구축은 지속 가능한 경제적 효과를 얻을 수 있는지에 대한 문제도 고려되어야 합니다. 이러한 문제점과 도전 과제를 극복하기 위해 다양한 이해 관계자들 간의 협력과 시민 참여를 강화하고, 지속적인 연구와 개선을 통해 스마트시티 구축의 효과를 극대화할 수 있습니다.

순천은 신대지구 등 신도시에 젊은 인구가 집중돼 있습니다. 이들 지역에 한해서라도 스마트도시 기반을 시범적으로 구축해보는 건 어떤가요?

순천에서 신도시 지역인 신대지구 등에 젊은 인구가 집중되어 있다면, 해당 지역에 한해서 스마트도시 기반을 구축하는 것은 매우 유익한 전략일 수 있습니다. 젊은 인구는 현대적인 기술과 디지털 플랫폼에 능숙하며, 스마트시티의 혜택을 최대한 활용할 수 있는 잠재력을 가지고 있습니다. 다음은 신도시에 스마트도시 기반을 구축하는 데 있어 고려해야 할 점입니다.

신도시에 스마트도시 기반을 구축함으로써, 첨단 인프라를 확보할 수 있습니다. 이는 고속 인터넷 네트워크, 센서 기술, 빅데이터 분석 등을 포함합니다. 이러한 인프라는 스마트시티 서비스와 시스템을 구현하는 데 필요한 기반을 제공합니다.

젊은 인구가 집중된 신도시 지역에서는 스마트교통 시스템을 구축하여 교통 혼잡을 해결하고 대중교통의 접근성을 향상시킬 수 있습니다. 스마트도시 기술을 활용한 실시간 버스 위치 추적, 교통 흐름 분석 및 예측, 도시 내 자전거 공유 시스템 등을 도입하여 효율적이고 편리한 교통 환경을 조성할 수 있습니다.

신도시에 스마트도시 기반을 구축함으로써, 에너지 효율성과 지속 가능한 에너지 관리를 강화할 수 있습니다. 스마트 그리드 시스템을 도입하여 전력 수급과 수요를 효율적으로 관리하고, 재생 에너지의 도입과 에너지 사용 패턴의 분석을 통해 에너지 절약을 이룰 수 있습니다.

스마트도시 구축은 디지털 서비스와 창업 생태계의 발전을 촉진할 수 있습니다. 젊은 인구들은 디지털 기술에 익숙하며, 스마트시티 환경에서 다양한 디지털 서비스를 활용하고 창업을 시도할 수 있습니다. 이를 통해 경제적 활동과 혁신을 촉진할 수 있습니다.

이러한 이점들을 고려하여 신도시 지역에 한해서 스마트 도시 기반을 구축하는 것은 순천시의 지속적인 발전과 혁신을 위한 중요한 전략일 수 있습니다.

구도심과 신도심
격차 해소

순천은 다른 중소 도시와 마찬가지로 지역 내 원도심과 신도심 간 인구, 경제력 등에서 격차가 심합니다. 특히 이들 두 도심 간에는 서로 이동도 많지 않아 거의 단절된 느낌입니다. 이를 극복하기 위한 방안이 있나요.

순천시에서 구도심과 신도심 간의 인구와 경제력 격차를 극복하기 위해 다음과 같은 방안을 고려할 수 있습니다.

구도심과 신도심을 잇는 인프라 개발에 주력해야 합니다. 도로, 철도, 대중교통 등의 연결성을 향상시켜 구도심과 신도심 간의 이동이 용이해지도록 합니다. 이를 통해 경제 활동과 인구 이동이 활발히 이루어질 수 있습니다.

구도심과 신도심 간의 발전을 균형 있게 지원하는 정책을 수립해야 합니다. 구도심과 신도심의 경제 산업 구조를 고려하여 각 지역의 특성에 맞는 지원 정책을 마련하고, 지역적 차별을 완화하는 방향으로 발전을 추진합니다.

구도심과 신도심 모두 중소기업과 창업 기업들의 육성을 적극적으로 지원해야 합니다. 중소기업과 창업 기업은 지역 경제의 활성화와 일자리 창출에 큰 역할을 할 수 있습니다. 따라서 상권 지원, 창업 지원, 기술 지원 등을 통해 중소기업과 창업 기업들이 구도심과 신도심 양쪽에서 발전할 수 있도록 돕습니다.

구도심과 신도심의 교육 환경을 균형 있게 발전시키는 것이 중요합니다. 교육 시설과 프로그램을 구도심과 신도심 모두에 공평하게 제공하고, 직업 교육 및 인력 개발 프로그램을 신도심과 구도심 모두에 맞게 개발하여 지역의 인력 수급과 직업 기회를 균형 있게 제공합니다.

구도심과 신도심 사이의 상호 교류와 협력을 촉진하기 위해 지역 커뮤니티 활성화에도 주력해야 합니다. 지역 사회 활동, 문화 행사, 지역 사업의 협업 등을 통해 구도심과 신도심 사이의 유대감을 형성하고, 상호 발전과 협력을 도모합니다.

이러한 방안들을 종합적으로 고려하여 구도심과 신도심 간의 격차를 극복하고, 순천시 전체의 지속적인 발전을 이룰 수 있습니다.

의대 설립과
상급 종합병원

순천은 인구가 30만 명에 육박하고 있는데 아직 상급 종합병원이 없습니다. 이유가 뭐라고 보시나요?

종합병원이 없는 이유는 다양한 요인들이 작용할 수 있습니다. 일반적으로 종합병원은 인구가 많고 지역적으로 중요한 도시에서 설립되며, 인구 수, 의료 수요, 정부 정책 등이 종합병원의 설립 여부에 영향을 미칩니다. 순천이 인구가 30만 명에 육박하고도 종합병원이 없는 이유를 살펴봅시다.

종합병원은 주변 지역에도 서비스를 제공하므로, 인접한 지역의 의료 시설과의 협력과 관련된 지역적인 요인이 영향을 미칠 수 있습니다. 주변 지역에 이미 충분한 의료 시설이 있는 경우에는 종합병원 설립이 어려울 수 있습니다.

종합병원은 큰 규모의 의료 시설이므로 설립과 운영에 많은 재정적인 투자가 필요합니다. 지역의 재정 상태와 정부의 의료 정책에 따라 종합병원 설립이 어려울 수 있습니다. 또한 종합병원 운영에는 많은 의료 인력과 전문성이 필요합니다. 지역 내에 충분한 의료 인력과 전문성을 확보하는 것이 어려울 경우, 종합병원의 설립이 어려울 수 있습니다. 지역별 의료 시설의 배분은 정부의 의료 정책에 따라 결정됩니다. 특정 지역에 의료 시설을 집중적으로 지원하는 정책 등이 종합병원 설립에 영향을 미칠 수 있습니다.

__인구가 30만 명에 육박하는 순천에 상급 종합병원이 없다는 게 잘 이해가 안 되네요.__

순천에 상급 종합병원이 없는 데는 여러 이유가 있을 수 있습니다.

상급 종합병원은 많은 환자를 수용하고 다양한 의료 서비스를 제공해야 하므로 인구 밀집도가 높은 지역에 설립될 가능성이 큽니다. 현재 전남 지역의 상급 종합병원은 총 3곳입니다. 광주의 전남대학교병원과 조선대학교병원, 화순의 화순전남대학교병원입니다. 모두 광주 지역에 몰려 있는 상황입니다.

상급 종합병원은 고도의 의료 기술과 다양한 의료 시설이 필요하며, 해당 지역에 그러한 인프라가 충분하지 않을 수 있습니다. 광주 지역이 순천보다 더 잘 발달된 의료 인프라를 가지고 있어 상급 종합병원이 설립된 가능성이 클 수 있습니다.

상급 종합병원 설립은 정부의 의료 정책과 재정 지원과도 관련됩니다. 정부의 의료 지원 정책이 특정 지역을 우선적으로 지원할 경우 해당 지역에 상급 종합병원이 설립될 수 있습니다.

지역 사회와 정치적 이해 관계자들의 의견이나 지역적 요인도 설립 여부에 영향을 미칠 수 있습니다. 지역 주민들과 이해 관계자들의 지원과 협조가 상급 종합병원 설립에 영향을 미치는 경우도 있을 수 있습니다.

혹자는 기존 순천의 의료 시설만으로도 충분하다는 얘기를 하기도 합니다.

기존 병원들이 충분한 의료 서비스를 제공한다면, 그들의 역할을 강화하고 지역 주민들의 의료 서비스 접근성과 편의성을 개선하는 데 주력할 수 있습니다. 또한 지역 주민들의 요구와 의료 서비스 수요를 고려하여 기존 병원들을 강화하고 발전시키는 방향으로도 노력할 수 있습니다.

정부와 지자체, 의료 당국들은 지역 주민들의 의료 서비스 만족도와 의료 인프라 개선에 지속적으로 관심을 기울여야 하며, 상급 종합병원 설립이나 기존 병원의 강화에 대한 결정은 균형 있고 신중한 방식으로 이뤄져야 합니다.

의료 인력 확보와 주민들이 질 높은 의료 서비스를 받기 위해 오래전부터 순천대에 의대를 설립하자는 목소리가 높았습니다. 아직도 결론이 나지 않은 이유는 뭔가요?

순천대학교는 오래전부터 의대 설립을 추진해온 곳으로 알려져 있습니다. 그러나 의대 설립은 그 과정이 단순하지 않으며, 다양한 정책적·재정적·인력적 요인들이 영향을 미치기 때문에 시간과 노력이 소요될 수 있습니다.

의대 설립을 위해서는 정부의 지원과 의료계의 협조가 필요합니다. 정부는 의대 설립을 위한 법적 절차와 인프라 구축에 필요한 예산을 확보해야 하며, 의료계는 교수진과 교육 프로그램을 제공하는 등 학문적·임상적인 지원이 필요합니다. 또한 의대의 교육 기관으로 인정받기 위해서는 미리 정해진 기준과 인증 절차를 따라야 합니다.

순천대학교가 의대 설립에 대한 노력을 계속하고 있다고

알려져 있으며, 정부와 지역 사회의 협조와 지지를 받아왔습니다. 그러나 의대 설립은 그 과정이 복잡하고 시간이 걸릴 수 있는 작업이며, 진행 상황은 계속해서 변화하고 있을 것으로 예상됩니다. 순천대학교가 의대 설립을 성공적으로 이끌기 위해서는 미래의 지속적인 노력과 지역 사회의 지지가 필요할 것입니다.

순천대 의대 설립에 걸림돌은 뭔가요?

의대 설립은 많은 비용과 자금 투자를 요구합니다. 의료 시설, 교수진 및 연구 인프라 등을 구축하고 유지하는 데에 많은 자금이 필요합니다. 이러한 자금을 확보하는 것은 도전적인 과제가 될 수 있습니다.

의대 설립을 위해서는 우수한 의사와 교수진을 확보해야 합니다. 그러나 우수한 의료 전문가들은 경쟁이 치열하며 수요가 많은 인력입니다. 따라서 질 높은 교수진을 확보하고 유지하기 위해서는 경쟁력 있는 조건과 보상 체계를 마련해야 합니다.

의대 설립을 위해서는 의료 시설과 연구 시설 등의 인프라를 구축해야 합니다. 이를 위해서는 적합한 장소를 선정하고 적절한 건축과 설비를 마련해야 합니다. 이에 따른 공간과 시설 문제는 의대 설립에 있어 중요한 측면입니다.

의대 설립 시 교육 과정과 커리큘럼을 개발해야 합니다. 학생들에게 최신 의료 지식과 실무 능력을 제공하기 위해 현실적이고 효과적인 교육 방법을 고려해야 합니다.

의대 설립은 다양한 협력 체계와의 조정과 협력이 필요합니다. 이는 지역 의료 기관, 정부 기관, 산업체 등과의 협력을 통해 연구, 임상 실습, 교육 등을 지원받을 수 있도록 하는 것을 의미합니다.

의대 설립은 의대 정원, 곧 의사 수를 늘리는 것과 직결되는데 의사들이 찬성할까요?

의사들이 해당 지역 또는 국가에서 의사 인력 부족 문제를 실감하고 의대 설립이 그 해결책으로 인식하는 경우, 설립에 대한 찬성이 높을 수 있습니다.

의대 설립이 의사들의 교육과 근무 환경을 개선해줄 가능성이 있는 경우, 의사들은 긍정적으로 받아들일 가능성이 큽니다. 의대 설립이 해당 지역 사회의 지지를 받는 경우, 지역 의사들의 찬성이 높아질 수 있습니다. 정부나 기관이 의대 설립과 관련하여 의사들에게 인센티브를 제공하는 경우, 찬성 여부에 영향을 미칠 수 있습니다. 의사들은 자신의 전문 분야와 진로에 따라 의대 설립에 대한 입장이 다를 수 있습니다. 이미 활동 중인 의사들의 의견과 지지를 얻는 것이 의대 설립에 있어서 중요합니다.

공공 의대 설립은 대안이 될 수 있나요?

공공 의대 설립은 의대 설립에 대한 대안으로 고려될 수 있습니다. 일반적으로 공공 의대는 정부나 지방 자치 단체가 주도하여 설립되는 의학 교육 기관입니다. 공공 의대 설립은 다음과 같은 장점을 가질 수 있습니다.

공공 의대 설립은 지역의 의료 인프라를 발전시킬 수 있습니다. 의료 시설 및 연구 시설의 개선과 확충을 통해 지역 주민들에게 더 나은 의료 서비스를 제공할 수 있습니다. 의대 설립을 통해 의사 인력의 공급을 확대할 수 있습니다. 의대 졸업생들은 해당 지역에서 의사로 활동할 가능성이 크기 때문에, 지역 의료 인력 부족 문제를 완화시킬 수 있습니다.

공공 의대 설립은 지역 경제에 긍정적인 영향을 줄 수 있습니다. 의대 설립을 통해 새로운 일자리가 창출되고, 의료 관련 산업이 육성될 수 있습니다. 공공 의대는 의학 연구와 혁신을 촉진하는 역할을 할 수 있습니다. 지역의 의료 기관 및 산업체와의 협력을 통해 의학 기술과 지식의 발전에 기여할 수 있습니다.

그러나 공공 의대 설립에는 몇 가지 고려해야 할 사항도 있습니다. 공공 의대 설립 및 운영은 상당한 재정 지원이 필요합니다. 정부나 지방 자치 단체는 이를 충분히 지원할 수 있는 재정적 여력을 가지고 있어야 합니다.

공공 의대의 효율적인 운영과 관리를 위해서는 전문성과 경험이 필요합니다. 우선 적절한 인력과 체계가 마련되어야 합니다. 또한 공공 의대 설립은 시간과 여러 과정이 필요한 작업입니다. 준비 및 승인 절차, 인프라 구축, 교육 과정 개발 등에 시간과 비용이 소요될 수 있습니다. 따라서 공공 의대 설립은 의대 설립에 대한 대안으로 고려될 수 있지만, 각 지역의 특정 상황과 조건을 고려하여 실제 실현 가능성과 효과를 평가해야 합니다.

문재인 정부에서는 코로나 위기로 인해 의료 인력이 부족해지자 운영이 부실한 일부 대학 의대를 공공 의대로 전환하고자 했습니다. 하지만 의사협회 등 의사들의 거센 반발로 무산된 적이 있습니다. 과연 순천대에 의대를 설립하는 게 정부나 지자체 힘만으로 가능할까요?

의대를 설립하는 과정은 복잡하고 규모가 크기 때문에 단

237

순히 정부나 지자체의 힘으로 가능한 일은 아닙니다. 의대 설립은 다양한 이해 관계자들의 협력과 지지가 필요합니다. 일반적으로 의대 설립을 위해 필요한 주요 이해 관계자들은 다음과 같습니다.

의대 설립은 정부의 지원과 국회의 입법적 지지가 필요합니다. 의료 정책과 예산의 편성은 국가 수준에서 결정되기 때문에, 의대 설립을 위해서는 정부와 국회의 협력과 지지가 필요합니다.

의대 설립은 대학과 학계의 지원과 협력이 필요합니다. 의대는 교육 기관으로서 대학과 함께 연계되어 운영되기 때문에, 대학과 학계의 지원과 협력 없이는 의대 설립이 어려울 수 있습니다.

의대 설립은 의료계와 의사협회의 지지와 협력이 필요합니다. 의대는 의사 양성과 의학 교육을 담당하기 때문에, 의료계와 의사협회의 찬성 없이는 의대 설립이 어려울 수 있습니다. 의대 설립이 예정된 지역의 주민들과 지역 사회의 지지와 협력도 필요합니다. 지역 사회의 지지 없이는 의대 설립은 해당 지역의 발전에 부정적 영향을 미칠 수 있습니다.

의대 설립과 관련하여 의료 기관, 의료 현장, 의료 협회, 정책 전문가 등 기타 이해 관계자들의 협력과 지지도 필요합니다. 따라서 의대 설립은 다양한 이해 관계자들과의 협력과 지지가 필요한 복잡한 과정입니다. 정부나 지자체는 의대 설립을 추진할 때 이러한 이해 관계자들과 긴밀한 협력을 통해 필요한 지원과 지지를 얻어야 합니다. 의대 설립을 성공적으로 이끌기 위해서는 정부, 지자체, 대학, 의료계, 지역 사회, 주민들 등 모든 이해 관계자들의 협력과 노력이 필요합니다.

요즘 많은 사람이 순천대의 경쟁력 저하를 우려하고 있습니다. 순천대 경쟁력 제고를 위해 시급한 것은 뭐라고 보시나요?

대학의 경쟁력을 제고하는 데에는 여러 가지 요인들이 관련되어 있습니다. 순천대 경쟁력을 제고하는 데 필요한 주요 요소들 중 몇 가지를 소개하겠습니다.

우수한 교수진과 학술 연구 성과를 강조하여 교육의 질을 향상시키고, 학생들이 뛰어난 지식과 기술을 습득할 수 있도록 해야 합니다. 해외 대학과의 파트너십 구축, 교환 프로그램 강화, 국제 학생 유치 등 글로벌 네트워크를 확장하여 국제적인 교육 및 연구 기회를 제공해야 합니다.

산업체와의 적극적인 협력을 통해 취업 기회를 증대시키고, 실무 중심의 교육과 연구를 강화하여 산업에 필요한 인재를 양성할 수 있습니다. 학생들의 학업과 생활을 지원하는 프로그램을 강화하고, 취업 지원 센터를 통해 학생들이 취업 시장에서 경쟁력을 갖출 수 있도록 돕는 것이 중요합니다. 순천대의 이미지와 브랜드를 향상시키는 전략을 수립하여 더 많은 학생들과 교수진, 기업들에게 인지도를 높일 수 있도록 해야 합니다.

외국인과 이민자

지방 대학 학생 수 감소, 중소기업 노동력 부족 등은 모두 저출생 문제와 연관돼 있습니다. 정부가 이민청을 설립하고 이민 정책을 대폭 손볼 모양입니다. 하지만 우리에게 아직도 외국인에 대한 부정적 시각이 존재하는 것도 사실입니다.

맞습니다. 지방 대학 정원 부족과 중소기업 노동력 부족은 모두 저출생 문제와 연관되어 있습니다. 저출생으로 인해 인구 고령화가 진행되고 있으며, 이로 인해 대학에 입학하는 학생 수가 감소하고 노동력 인구도 부족해지는 문제가 발생하고 있습니다. 이를 해결하기 위해 정부가 이민 정책을 대폭 개편하려는 것은 이해할 수 있습니다.

하지만 외국인에 대한 부정적인 시각은 사회적 문제로서 주목해야 할 부분입니다. 이민 정책을 개편하고 외국인을 유치하기 위해 노력하는 동시에, 사회적 이해와 인식의 변화를 이루는 것이 중요합니다. 외국인은 우리 사회의 다양성과 문화적 풍부성을 높여주는 중요한 요소이며, 이민자들 역시 우리 사회에 기여하는 일부분입니다. 부정적 시각을 해소하고 외국인과 국민들 간의 소통과 이해를 촉진하는 방법으로는 다음과 같은 접근 방식들이 있을 수 있습니다.

이민 정책에 대한 정보를 국민들에게 적극적으로 제공하고, 다양한 이민자들의 문화와 역할에 대한 교육을 통해 이해를 높일 수 있습니다. 다양한 문화를 존중하고 수용하는 문화 교류 활동을 지원하고, 이민자들과 국민들 간의 상호 작용을 장려하는 프로그램을 개선할 수 있습니다. 인종 차별과 편견을 극복하기 위해 인권 보호와 인종 평등에 대한 법률을 강화하고, 이를 실천적으로 활용하는 것은 중요합니다. 이민자들의 사회 참여와 직장 기회를 높여주는 프로그램을 지원하여 이민자들이 더욱 적극적으로 사회에 기여할 수 있도록 돕습니다.

이러한 노력들이 모여, 외국인과 국민들 간의 유대감과 상호 이해를 키우는 데에 도움이 될 수 있습니다. 이민 정책과 함께 사회적 환경을 변화시키는 것이 중요하며, 이를 위해 국민들과 정부, 그리고 이민자들 스스로의 노력이 필요합니다.

관광 인프라
업그레이드

순천은 정원 박람회의 성공으로 전국적으로 주목받는
도시가 됐습니다. 이제는 한 단계 업그레이드를 시켜야 할
시점으로 보이는데 어떤 노력이 필요할까요?

정원 박람회를 주기적으로 개최하여 지속적인 관심을 유
지하는 것이 중요합니다. 매년 또는 일정 기간마다 정원 박람
회를 개최함으로써 국내외에서 관광객과 관심을 끌 수 있습
니다.

다양한 정원과 테마를 구성하여 관람객들에게 흥미로운
콘텐츠를 제공하는 것이 중요합니다. 예를 들어, 정원 디자인
경연, 국제 정원 문화 전시, 식물 박람회, 화훼 장식 경연 등
다양한 이벤트를 개최하여 방문객들이 다양한 경험을 즐길

수 있도록 합니다.

국내외에서 관광객들을 유치하기 위해 효과적인 홍보와 마케팅 전략을 구축해야 합니다. 온라인 및 오프라인 매체를 활용하여 관람객들에게 정보를 전달하고, 소셜 미디어를 통해 관심을 끌 수 있는 콘텐츠를 제공하는 것이 중요합니다. 지역 주민들, 정부, 기업, 관광 산업 등과의 협력을 강화하여 정원 박람회를 지속적으로 발전시킬 수 있습니다. 지역 문화와 산업을 연계한 프로그램과 협력을 통해 정원 박람회의 경쟁력을 강화할 수 있습니다.

정원 박람회가 환경에 친화적인 형태로 구성되도록 노력해야 합니다. 친환경적인 재료와 기술을 사용하여 정원을 디자인하고 운영함으로써 환경 보호에 기여할 수 있습니다. 관람객들의 편의를 위해 체계적인 시설과 편의 시설을 갖추는 것도 중요합니다. 입장 시설, 음식점, 화장실, 주차장 등을 잘 조성하여 관람객들의 만족도를 높일 수 있습니다.

위의 노력들을 통해 정원 박람회를 지속적으로 발전시키고, 관광객들의 관심과 사랑을 얻을 수 있을 것입니다. 또한, 지속적인 발전을 위해 관련 기관과 지역 사회의 지원과 협력이 필수적입니다.

순천 정원 박람회가 만 65세 이상은 입장료가 무료라 입장객 중 상당수가 어르신입니다. 연간 200만 명 이상의 젊은이들이 찾고 있지만 좀 더 많은 젊은 관광객이 찾는 명소로 만들어야 한다는 지적이 많습니다.

정원 박람회나 다른 문화 행사에서 만 65세 이상의 어르신들에게 입장료를 무료로 제공하는 것은 사회적 배려와 문화생활 지원 정책으로서 중요한 측면이 있습니다. 이러한 정책은 어르신들에게 문화 활동의 기회를 제공하고, 고령화 사회에서 노인들의 문화생활에 대한 참여를 촉진하는 데 도움이 됩니다. 하지만 이러한 정책이 젊은 층의 참여를 억제할 수도 있습니다. 젊은 층이 높은 입장료를 지불해야 한다면, 경제적 부담이나 우선순위 문제로 인해 문화 행사에 참여하지 않을 수 있습니다. 이로 인해 젊은 층의 참여가 저조해질 수 있으며, 이는 문화 행사의 다양성과 활기를 저해하는 결과를 초래할 수 있습니다.

따라서 정부나 주최자들은 이러한 문제에 대해 상충하는 부분을 최소화하는 방안을 모색해야 합니다. 예를 들어 다양한 연령대에 맞춤형 입장료 정책을 도입하여 젊은 층과 어르신들이 모두 부담 없이 문화 행사에 참여할 수 있도록 하는 것이 가능합니다. 또한 젊은 층과 어르신들을 대상으로 각각 다양하고 매력적인 프로그램과 이벤트를 마련하여 참여를 촉

245

진할 수 있습니다. 문화 행사의 성격과 목적에 따라 적절한 방안을 도입하여, 가능한 한 많은 사람이 문화 행사에 참여할 수 있도록 하는 노력이 필요합니다.

순천은 문화유산이나 자연환경 등 많은 관광 자원을 갖고 있습니다. 하지만 대부분 숙박은 인근 여수를 이용하고 있죠. 왜 순천은 체류형 관광이 이뤄지지 않고 있을까요?

순천이 많은 문화유산과 자연환경을 갖고 있음에도 불구하고 체류형 관광이 이뤄지지 않는 이유는 다양합니다. 몇 가지 예측할 수 있는 이유들을 살펴보겠습니다.

순천의 관광 인프라가 인근 여수에 비해 부족한 경우가 있을 수 있습니다. 체류형 관광을 위해서는 다양한 숙박 시설, 레스토랑, 쇼핑 등의 편의 시설이 필요한데, 이러한 인프라가 충분하지 않을 경우 관광객들이 다른 지역을 선택할 수 있습니다.

순천의 매력적인 관광 자원들이 충분히 홍보되지 않거나 관광 마케팅이 부족한 경우에는 관광객들이 해당 지역을 알지 못하거나 선택하지 않을 수 있습니다. 관광 자원들을 효과적으로 홍보하여 관광객들의 관심을 끌어야 합니다.

인근 지역인 여수에는 철도역과 여객선 터미널이 있어 교통 접근성이 좋지만, 순천은 그에 비해 접근성이 떨어질 수 있습니다. 교통이 불편하면 관광객들이 다른 지역을 선택할 가능성이 커집니다.

때로는 인근 지역에 이미 많은 관광 자원과 인프라가 집중되어 있는 경우도 있습니다. 이 경우 관광객들이 더 다양한 경험과 시설을 찾기 위해 해당 지역을 방문하는 것이 자연스러울 수 있습니다.

순천이 많은 관광 자원과 잠재력을 가지고 있지만 체류형 관광이 이뤄지지 않는 이유는 위와 같이 다양한 요소들이 상호 작용하고 있을 수 있습니다. 따라서 순천이 체류형 관광을 유치하고 발전시키기 위해서는 관광 인프라 강화, 홍보와 마케팅 강화, 교통 접근성 개선 등의 다양한 정책과 노력이 필요합니다.

순천은 정원 박람회가 성공하면서 상대적으로 인기가 많았던 순천만 갈대밭을 찾는 분들이 줄었다고 하는 분도 있습니다. 나는 개인적으로 갈대밭을 더 좋아합니다. 어릴 적 추억도 많고요.

정원 박람회의 성공으로 인해 관광객들이 주로 정원 박람회를 방문하고 순천만 갈대밭을 찾는 비중이 줄어드는 일이 생길 수 있습니다. 대규모 행사나 축제가 개최되면 해당 행사에 관심을 갖고 방문하는 관광객들이 증가하게 되고, 다른 관광지에 대한 수요는 상대적으로 감소할 수 있습니다.

이러한 상황은 '이벤트 관광'의 특성을 반영하는데, 특정한 기간에 큰 관심을 끄는 행사나 축제가 열리면 관광객들은 해당 행사에 집중하는 경향이 있습니다. 따라서 순천만 갈대밭 같은 다른 관광지의 인기가 떨어지는 것이 일시적인 현상일 수 있습니다. 그러나 이러한 상황은 순천만 갈대밭이 계속해서 매력적인 관광지로 유지되기 어려워지는 문제를 야기할 수도 있습니다. 따라서 순천만 갈대밭을 포함한 지역의 관광 콘텐츠와 매력을 계속해서 개발하고, 다양한 관광 프로그램과 이벤트를 마련하여 관광객들의 관심과 참여를 이끄는 노력이 필요합니다.

또한 순천만 갈대밭을 방문하는 관광객들을 대상으로 정원 박람회와 연계된 혜택이나 프로모션 등을 제공하여 두 관광지를 상호 보완적으로 운영하는 방안도 고려해볼 수 있습니다. 이를 통해 관광객들이 두 관광지를 함께 방문하고 더욱 다양한 경험을 즐길 수 있도록 유도할 수 있습니다.

각자의 취향과 관심사에 따라서 관광지를 선택하는 것은 당연한 일입니다. 순천만 갈대밭과 정원 박람회는 각각의 독특한 매력을 갖고 있으며, 두 관광지를 모두 즐기거나 하나를 선호하는 것은 개인의 자유입니다.

갈대밭은 자연적이고 평화로운 분위기를 느낄 수 있는 장소로서, 조용하게 휴식을 취하거나 자연과 함께 산책을 즐기기에 적합합니다. 한편으로는 자연의 아름다움을 감상하며 여유를 찾을 수 있는 공간입니다. 반면에 정원 박람회는 다양한 꽃과 정원 디자인, 예술적 요소들로 장식된 테마 건물과 전시물들을 감상할 수 있는 장소입니다. 이런 행사는 특별한 시기에 개최되므로 재미있고 다채로운 경험을 제공하는데, 이러한 이벤트의 매력에 많은 관광객이 끌리기도 합니다.

당신이 순천만 갈대밭을 선호하는 것은 당신의 자연스러운 선택이며, 각자의 취향과 관심사를 존중하고 개인적인 즐거움을 추구하는 것이 중요합니다. 순천의 다양한 관광 자원들을 즐기며 자연과 문화를 모두 만끽할 수 있는 다양한 방법을 찾아보시는 것이 좋을 것입니다. 또한 당신의 취향을 반영하는 다양한 관광지를 방문하여 순천의 매력적인 면들을 탐색하시는 것을 추천드립니다.

쓰레기 소각장
문제

최근 순천에서는 쓰레기 소각장 장소 선정을 놓고 논란
이 많습니다. 지자체장 고유 권한인 이 문제에 국회의원이
어느 정도까지 개입하는 게 맞는 일일까요?

쓰레기 소각장의 위치 선정은 주로 지자체의 관할 사항이
며, 지자체장(시장 또는 군수)이 해당 결정에 대한 권한을 가지
고 있습니다. 그러나 국회의원은 지역의 의원으로서 시민들
의 대표로 국회에 의해 선출되는 인물이기 때문에 지역의 이
슈에 관심을 가지고 개입할 수 있습니다.

국회의원이 지자체장의 결정에 개입하는 것이 적절한지
여부는 상황에 따라 다를 수 있습니다. 논란이 있는 쓰레기
소각장 문제가 지역의 주민들에게 심각한 영향을 미친다면,

국회의원이 지역 주민들의 의견을 듣고 정당한 절차를 통해 의견을 제시하는 것은 시민의 이익을 위해 중요한 역할을 할 수 있습니다. 그러나 국회의원의 개입이 지자체의 권한을 침해하거나 무리한 개입으로 이어진다면 논란의 소지가 있을 수 있습니다. 지역적인 문제에 대해서는 지자체장과 협의하고 지역민의 의견을 듣는 것이 우선되어야 하며, 국회의원이 개입하는 경우에도 지역민의 의견과 현장 상황을 최대한 고려하여야 합니다.

쓰레기 소각장 등 환경적인 문제는 지역 사회와 주민들의 건강과 안녕에 직접적으로 영향을 미칠 수 있는 문제이기 때문에 국회의원과 지자체장, 시민들 간의 적절한 소통과 협의가 중요합니다. 그리고 이러한 문제들은 국회와 지방자치 단체들이 협력하여 공동으로 해결해야 할 과제입니다.

중장년, 노년
세대를 위한 정책

순천은 중장년층 비율이 높습니다. 이들을 위한 정책을
제안한다면 어떤 게 있을까요?

중장년층은 노화로 인해 건강 이슈가 늘어날 수 있으므로,
건강 검진, 건강 캠페인, 의료 보장 등을 강화하여 더 나은 의
료 서비스를 제공해야 합니다.

중장년층은 일자리를 찾거나 전직할 때 어려움을 겪을 수
있습니다. 그래서 새로운 일자리 창출을 촉진하고, 중장년층
을 위한 재교육과 직업 훈련 프로그램을 지원하여 취업 기회
를 늘립니다.

중장년층은 노후를 준비하는 과정에서 도움이 필요할 수
있으며, 장애로 인해 도움이 필요한 경우도 있습니다. 이를 위

해 노후 준비를 지원하고, 장애 지원 프로그램을 강화합니다.

중장년층은 주거와 장기 요양에 대한 지원이 필요할 수 있습니다. 저소득층 중장년층을 위한 주거 지원 프로그램, 장기 요양 보험과 시설을 강화하여 이들을 지원합니다.

중장년층은 여가 시간을 채우고 사회적으로 연결되는 것이 중요합니다. 문화, 예술, 스포츠 등의 다양한 취미 활동과 사회 참여 프로그램을 지원하여 이들의 삶의 질을 향상시킵니다.

중장년층의 의견을 존중하고 이들이 의사 결정 과정에 참여하도록 돕습니다.

순천에 중장년, 노년층을 위한 일자리를 만든다면 어떤 분야가 좋을까요?

공공 및 사회 복지 서비스 분야에서는 커뮤니티 활동 지원, 공원 관리, 복지 시설 운영 등 다양한 일자리가 생길 수 있습니다. 노인들의 건강 돌봄 서비스를 제공하는 분야에서는 간호 보조원, 건강 상담사, 노인 전문 요양 보호사 등의 일자리가 포함될 수 있습니다.

노인들이 취미 활동을 즐기고 교육적으로 발전할 수 있는 분야에서는 문화 예술 강사, 체육 강사, 노인 학습 지도사 등의 일자리를 고려할 수 있습니다.

순천의 자연환경과 문화유산을 활용하여 관광 산업을 육성하는 데에도 중장년층과 노인들의 일자리 창출이 가능합니다. 관광 안내원, 문화 체험 프로그램 운영자 등의 역할이 있을 수 있습니다. 중장년층과 노인들이 더 편안하게 주거할 수 있도록 홈 케어, 주거 보조 서비스 분야에서 일자리가 생길 수 있습니다.

순천의 특성을 고려하여 기존 산업 혹은 새로운 산업 분야에서도 일자리 창출이 가능합니다. 이는 지역의 경제 활성화에 도움이 되며 중장년층과 노인들의 기술과 경험을 활용하는 데 도움이 될 수 있습니다.

공공 일자리
확대 방안

민간 분야 일자리 창출은 한계가 있어 문재인 정부는 공
공 분야에서 일자리를 늘렸습니다. 하지만 현 정부는 공공
분야 인력을 대폭 줄이고 있습니다. 기업이 많지 않은 순천
지역 특성상 공공 분야 일자리 창출이 현실성이 높아 보이
는데 어떻게 생각하시나요?

일자리 창출을 위해서는 해당 지역의 특성과 상황을 고려
하여 적절한 방법을 선택하는 것이 중요합니다. 순천과 같이
기업이 많지 않은 지역에서는 민간 분야 일자리 창출에 한계
가 있을 수 있습니다. 이런 경우에 공공 분야 일자리 창출을
고려하는 것은 현실적인 방법으로 보일 수 있습니다.

그러나 공공 분야에서 일자리를 늘리는 결정은 여러 가지

요인들을 고려하고 균형을 이루는 것이 중요합니다. 공공 분야 일자리를 늘리는 데에도 다양한 이점이 있을 수 있지만, 이는 단기적인 측면뿐만 아니라 장기적으로도 고려되어야 합니다.

정부에서는 일부 공공 분야 인력을 줄이는 결정을 내리는 경우도 있습니다. 이는 예산 조정, 효율적인 인력 배치, 디지털화 및 자동화 등의 이유로 이루어질 수 있습니다. 그러나 이러한 결정이 중장년층과 노인들에게 불리한 영향을 미칠 수 있으므로, 정부는 이들의 취약성을 고려하여 그에 상응하는 보상책을 마련하거나 타 분야로 일자리 이전 등의 대체 방안도 검토해야 합니다.

정부는 지역의 경제 특성과 인력 구조를 고려하며, 공공 분야와 민간 분야 모두에서 일자리 창출을 위한 종합적인 정책을 마련해야 합니다. 지역 주민들과 지역 사회의 목소리를 듣고, 협의와 협력을 통해 최선의 방안을 모색하는 것이 필요합니다. 이를 통해 순천과 같은 기업이 많지 않은 지역에서도 지속적인 일자리 창출과 경제 활성화를 추진할 수 있습니다.

순천에 공공 기관이나 기업를 유치한다면 어떤 분야가 적절하다고 보시나요?

순천은 자연환경과 문화유산을 가지고 있어 관광 산업을 발전시키는 데에 잠재력이 있습니다. 관광 관련 기업들의 유치와 관광 인프라의 확충을 통해 지역 경제에 기여할 수 있습니다. 순천은 농수산물 생산이 활발한 지역으로, 이들의 가공과 유통을 강화하여 농어민의 소득을 높이고 지역 브랜드를 구축하는 데에 중요한 역할을 할 수 있습니다. 순천은 자연환경이 우수한 편이며, 친환경 에너지 및 재생 에너지 분야에 투자하여 지속 가능한 미래를 위한 발전을 모색할 수 있습니다.

과학 기술 산업을 육성하기 위해 첨단 기술 분야의 연구 개발(R&D) 센터나 기업들을 유치하여 혁신적인 산업 생태계를 형성할 수 있습니다. 지역의 교육 인프라를 강화하고 문화 산업을 지원하여 지식 기반 산업과 문화 예술 분야에 일자리를 창출할 수 있습니다. 지역의 인프라를 개선하고 확충하는 데 기업들의 투자를 유도하여 순천의 교통, 물류, 통신 등 기반 시설을 강화할 수 있습니다.

젊은 인구 유입을 통한
도시 활력 제고

활력 있는 도시가 되려면 무엇보다 젊은 인구가 많아야 합니다. 젊은 인구 유입을 위해 필요한 여건에는 어떤 게 있을까요?

젊은 인구의 유입을 유도하려면 다음과 같은 여건을 고려할 수 있습니다. 도시에는 다양한 산업과 일자리가 있어야 합니다. 젊은 세대는 경제적인 기회와 진보적인 산업에 끌리는 경향이 있으므로, 새로운 일자리 창출과 기업 유치에 주력해야 합니다. 이는 창조적인 산업과 기술, 창업 생태계의 지원, 벤처 기업 지원, 혁신 센터 등을 포함할 수 있습니다.

젊은 인구는 높은 교육 수준을 추구하는 경향이 있습니다. 질 좋은 학교, 대학, 연구 기관의 존재는 교육 기회를 제공하며, 젊은 인구의 유입을 유도할 수 있습니다. 또한, 전문 교육 및 직업 교육 프로그램의 제공도 유용합니다.

젊은 세대는 다양한 문화, 예술, 엔터테인먼트 활동에 관심을 가지는 경우가 많습니다. 공원, 미술관, 극장, 음악 현장, 클럽 등의 시설을 통해 다양한 문화적 활동을 즐길 수 있도록 지원해야 합니다.

청년들은 편리한 생활 환경을 선호합니다. 안전하고 현대적인 주거지, 공공 교통 시스템, 상업 및 서비스 시설, 문화 및 스포츠 시설 등을 구축하여 젊은 세대들이 편리하게 생활할 수 있는 도시를 만들어야 합니다.

다양한 문화적·인종적·인적 특성을 가진 사람들을 환영하고 포용하는 도시는 젊은 세대에게 매력적입니다. 포용적인 도시는 창의성과 혁신을 촉진하며, 다양한 배경을 가진 사람들 간의 교류와 협력을 촉진할 수 있습니다.

젊은 세대들은 생활 및 주거 비용이 합리적이고 경제적으로 현실적인 도시를 선호합니다. 젊은 인구를 유치하려면 저렴한 주거 옵션, 합리적인 생활 비용, 경제 지원 제도 등을 고려해야 합니다.

젊은 인구는 사회적으로 연결되고 활발한 도시를 선호합니다. 지역 커뮤니티 및 사회 참여를 촉진하는 프로그램과 행사, 자원봉사 기회 등을 제공하여 젊은 세대들이 도시 생활에 참여하고 소통할 수 있도록 돕는 것이 중요합니다. 이러한 여건을 고려하여 젊은 인구를 유치하고 매력적이며 활력 있는 도시로 발전할 수 있습니다.

무엇보다 젊은이들이 선호하는 일자리를 만들어야 할 것 같습니다. 순천시에 맞는 젊은 일자리는 어떤 게 있을까요?

순천시에서 젊은이들에게 맞는 일자리를 유치하기 위해 고려해볼 수 있는 몇 가지 분야는 다음과 같습니다.

순천시는 아름다운 자연환경과 문화적인 매력을 가지고 있습니다. 관광 서비스, 호텔 및 레스토랑, 문화 행사 및 축제 등의 분야에서 젊은이들을 위한 일자리를 창출할 수 있습니다. 또한, 관광 홍보 및 마케팅, 문화유산 보존과 관리, 문화 교육 등의 분야에서도 일자리 창출이 가능합니다.

IT 및 소프트웨어 분야에서의 일자리는 현대 사회에서 매우 중요한 역할을 합니다. 순천시는 IT 인프라가 잘 구축되어 있으며, 소프트웨어 개발, 웹 디자인, 앱 개발, 데이터 분석 등의 분야에서 젊은이들에게 일자리 기회를 제공할 수 있습니다.

순천시는 태양광 발전 및 풍력 발전 등 신재생 에너지 산업의 발전에 적합한 지역입니다. 이러한 분야에서의 일자리는 젊은이들에게 환경 보호와 함께 미래 지향적인 일자리 기회를 제공할 수 있습니다. 또한 환경 기술, 재활용 및 폐기물 관리 등의 분야에서도 일자리 창출이 가능합니다.

젊은이들이 창의적인 아이디어와 기업가 정신을 발휘할 수 있는 창업 생태계를 조성하는 것도 중요합니다. 순천시는 창업을 지원하는 기술 및 비즈니스 인큐베이터, 창업 교육 프로그램, 자금 지원 및 멘토링 서비스 등을 통해 젊은 창업자들에게 일자리 창출의 기회를 제공할 수 있습니다.

순천시는 농업과 수산업 분야에서도 많은 잠재력을 가지고 있습니다. 젊은이들을 위한 혁신적인 농업 기술과 수산물 가공, 판매 및 수출 등의 분야에서 일자리를 창출할 수 있습니다. 그러려면 중소기업 지원, 창업 생태계 강화, 인력 양성 프로그램, 지역 산업 육성 등을 통해 기업들의 유치와 협력을 촉진하고, 젊은이들의 기술과 역량을 발전시킬 수 있는 환경을 조성하는 것이 중요합니다.

30, 40대 젊은 층은 자녀 교육 때문에 수도권 등으로 이주하는 경우가 많습니다. 이들을 순천에 계속 거주하게 하려면 어떤 정책적 아이디어가 필요할까요?

2부. 묻고 생각하다

30대와 40대의 젊은 층이 순천에 계속 거주하도록 유도하기 위해 고려해볼 수 있는 몇 가지 정책적 아이디어는 다음과 같습니다.

순천시에 고등 교육 기관과 학문 연구 센터를 유치하고 지원하여 젊은 부모들이 자녀의 교육을 위해 수도권 등으로 이주할 필요성을 줄일 수 있습니다. 질 높은 학문 환경과 교육 기회를 제공하여 순천시에서도 우수한 교육을 받을 수 있도록 해야 합니다.

고품질의 어린이 보육 및 교육 시설을 제공하여 부모들이 자녀의 교육에 대한 안정성과 질을 확보할 수 있도록 해야 합니다. 또한, 학군의 개선과 교육 프로그램의 다양성을 통해 젊은 부모들이 자녀를 위해 다른 지역으로 이동할 필요성을 최소화할 수 있습니다.

순천시에서는 젊은 부모들을 위한 합리적인 주거 비용과 질 좋은 주거 환경을 제공해야 합니다. 다양한 주거 옵션을 마련하고 주택 구매 혜택이나 장기 임대 지원 등을 통해 젊은 부모들이 순천시에 거주하고 싶게끔 경제적인 이점을 느낄 수 있도록 해야 합니다.

젊은 부모들이 직장과 가정생활을 균형 있게 조화시킬 수 있는 일자리를 순천시에 유치하고 창출해야 합니다. 산업 다변화를 통해 다양한 직종과 직무의 일자리를 마련하고, 유능한 인력을 유치하고 유지할 수 있도록 중소기업 지원, 창업 지원, 산업 육성 정책 등을 강화해야 합니다.

젊은 부모들이 순천시에서 안정감과 소속감을 느낄 수 있도록 지역 사회의 문화와 활동을 지원해야 합니다. 체육 시설, 문화 예술 프로그램, 지역 축제, 소셜 네트워킹 행사 등 다양한 활동을 제공하여 젊은 부모들이 지역 사회에 더욱 깊게 관여하고 행복한 삶을 살 수 있도록 돕는 것이 중요합니다.

이러한 정책적 아이디어를 고려하여 순천시가 젊은 부모들에게 거주지로서의 매력을 제공한다면, 자녀 교육 때문에 이주하는 경향을 줄일 수 있습니다.

재정 자립도

순천시의 재정 자립도가 전남의 다른 시군에 비해서는 상대적으로 양호하지만 인근 여수나 광양에 비해 낮습니다. 순천의 재정 자립도를 높이려면 어떤 노력이 필요할까요?

순천시는 다양한 산업 분야에서의 성장과 육성을 통해 지역 경제 다변화를 추구할 수 있습니다. 산업 육성 정책을 통해 새로운 기업 유치, 기존 기업의 확장 및 혁신을 촉진하고, 고부가가치 산업과 수출 중심 산업을 육성함으로써 경제 활동을 확대할 수 있습니다. 이는 재정 수입의 다양화를 통해 재정 자립도를 향상시킬 수 있습니다.

순천시는 자연환경과 문화적인 매력을 가지고 있으며, 이를 활용하여 관광 산업을 강화할 수 있습니다. 관광 산업을 통해 수입과 일자리 창출이 가능하며, 지역 자원을 적극 활용하여 관광 명소, 문화 행사, 체험 프로그램 등을 개발하고 홍보하는 노력을 기울일 수 있습니다.

중소기업과 창업은 지역 경제 발전과 재정 자립도를 향상시키는 데 중요한 역할을 합니다. 순천시는 중소기업 육성과 창업 지원을 위한 인프라와 자금, 교육 및 컨설팅 서비스를 제공할 수 있습니다. 이를 통해 지역 내에서의 창업 활동과 새로운 일자리 창출을 촉진할 수 있습니다.

순천시는 국제 협력과 외국인 투자를 유치하여 지역 경제의 다양성과 성장을 도모할 수 있습니다. 외국인 투자 유치를 위한 적극적인 마케팅과 홍보, 국제 기업과의 협력 체결을 통해 지역 경제의 균형 발전과 재정 수입의 다양화를 이룰 수 있습니다.

순천시는 재정 운영의 효율성을 개선하여 재정 자립도를 향상시킬 수 있습니다. 예산 편성 및 지출 계획의 철저한 분석과 평가, 재정 리더십 강화, 재정 혁신을 통한 비용 절감과 수익 증대 등을 고려할 수 있습니다.

이러한 노력을 통해 순천시는 재정 자립도를 향상시키고 지속적인 경제 발전을 이룰 수 있습니다.

분열과
대립의 정치

한국, 미국, 일본 등 일부 국가에서 극우적인 정치인이
권력을 잡는 현상이 나타나고 있습니다. 이런 현상을 어떻
게 해석해야 할까요?

극우적인 정치인이 일부 국가에서 권력을 잡는 현상은 여
러 가지 요인과 맥락에 따라 다양하게 해석될 수 있습니다.
이러한 현상을 해석하는 데에는 다음과 같은 요소들을 고려
할 수 있습니다.

경제 불안정성, 소득 격차의 확대, 일자리 부족 등과 같은
사회 경제적인 요인들이 극우적인 정치 운동의 성장을 촉진
할 수 있습니다. 사회의 일부 계층이 이러한 문제에 대한 불
만과 불안정성을 느끼며 극우 정치인들에게 더 많은 지지를

보낼 수 있습니다.

일부 국가에서는 정치적인 불만과 신뢰의 부재가 극우적인 정치 운동의 성장을 촉진할 수 있습니다. 이는 기존 정치 지도자들이나 정당들에 대한 신뢰의 저하, 정치적인 변혁의 필요성에 대한 요구 등으로 나타날 수 있습니다.

문화적인 정체성, 이주 문제, 다문화주의적 정책 등이 극우 정치 운동의 발전과 연관될 수 있습니다. 이러한 문화적 요인들은 일부 국가에서 국가주의적 선호와 극우적 정치 운동의 확산을 유도할 수 있습니다.

소셜 미디어와 인터넷의 발전은 극우적인 정치적 흐름의 전파와 확산을 돕는 역할을 할 수 있습니다. 소셜 미디어를 통해 극우적인 이념을 공유하고 확산시키는 그룹들이 온라인상에서 용이하게 형성될 수 있으며, 이는 극우적인 정치 운동의 성장에 영향을 미칠 수 있습니다.

이러한 요인들을 고려하여 현재 일부 국가에서 극우적인 정치 운동이 성장하는 현상을 해석할 수 있습니다. 그러나 극우적인 정치 운동의 성장이 어느 국가에서든 극단주의, 인종차별, 폭력 등을 도모하는 위험성을 갖고 있다는 점을 인식해야 합니다. 여기에 대한 대응은 정치적인 논의와 사회적인 단결을 통해 이루어져야 하며, 다양한 견해를 수용하고 상호 이해와 대화를 통해 해결책을 모색하는 것이 중요합니다.

한국을 비롯해 일부 주요 국가에서 정치가 과거에 비해 더 극단적인 대립과 분열을 조장하고 있는 듯합니다. 원인은 뭐라고 보시나요?

정치가 과거에 비해 더 극단적인 대립과 분열이 나타나고 있는 현상은 여러 가지 요인에 기인할 수 있습니다. 몇 가지 주요한 요인을 살펴보면 다음과 같습니다.

경제적인 불평등과 불안정성이 증가하는 경우, 사회의 일부 계층이 이를 불평하고 불만을 표출할 가능성이 커집니다. 이러한 사회 경제적인 양극화는 정치적인 갈등과 분열을 조장할 수 있습니다.

현대 사회에서는 소셜 미디어와 인터넷 등을 통해 다양한 정보와 의견이 쉽게 전파되고 공유됩니다. 이로 인해 사람들은 다양한 정치적인 견해와 그룹에 노출되면서 극단적인 입장을 취하거나 더 강화되는 경향이 있습니다.

일부 정치 지도자나 미디어는 이기적인 이익을 위해 대립과 분열을 조장하는 방식으로 정치적인 행동을 취할 수 있습니다. 이는 극단적인 의견을 조장하고 정치적 갈등을 격화시킬 수 있습니다.

문화적인 정체성과 이주 문제는 극단적인 정치적 입장을 강화시키는 요인으로 작용할 수 있습니다. 문화적 갈등과 이

주자들에 대한 불안정한 반응은 극우적인 정치 운동의 성장을 촉진할 수 있습니다.

소셜 미디어와 인터넷은 개인의 의견을 쉽게 표출하고 다른 사람들과 소통할 수 있는 플랫폼을 제공하지만, 동시에 거짓 정보, 혐오적인 의견, 불필요한 갈등을 조장하는 요소로 작용할 수 있습니다.

이러한 요인들은 극단적인 정치적 대립과 분열을 조장하는 데 기여할 수 있습니다. 그러나 정치적인 대립과 분열을 완전히 하나의 요인으로 설명하는 것은 어렵습니다. 각 국가와 문화 맥락에 따라 다양한 요인들이 상호 작용하여 이러한 현상이 나타나고 있습니다. 이러한 문제들에 대한 대응은 교육, 공공 토론, 다양성 존중 등을 통해 진행되어야 하며, 개인과 사회의 차원에서 해결책을 모색하는 것이 중요합니다.

저는 SNS가 정치 발전에 기여한 부분도 많지만 정치를 후퇴시킨 주범 중 하나라고 생각합니다. SNS의 익명성, 비대면성 등이 극단적 언어와 가짜 뉴스의 범람을 불러온 것 같습니다. 한국도 예외는 아닙니다.

SNS는 정보를 신속하게 공유하고 의견을 표명하는 플랫폼으로서 많은 장점을 가지고 있지만, 동시에 일부 부정적인 측면도 존재합니다. 여기에는 익명성, 비대면성, 가짜 뉴스 등이 포함될 수 있습니다.

SNS를 통해 사용자는 익명으로 활동할 수 있습니다. 이는 사람들이 언제나 직접적으로 책임을 지지 않고 극단적인 의견이나 공격적인 언어를 사용할 수 있는 환경을 제공할 수 있습니다.

SNS는 대면 소통을 하지 않고도 의견을 전달하고 토론할 수 있는 플랫폼입니다. 이는 실제 대면 상황에서의 사회적 제약이 적용되지 않기 때문에 더 공격적이거나 폭력적인 언어를 사용할 가능성이 커질 수 있습니다.

SNS는 빠른 정보 전달과 공유를 가능하게 합니다. 하지만 이로 인해 가짜 뉴스가 쉽게 확산되고, 정확한 정보와 오보를 구별하기 어려워질 수 있습니다. 가짜 뉴스는 극단적인 의견을 조장하거나 혼란을 일으킬 수 있습니다.

한국을 비롯한 여러 국가에서도 SNS를 통한 극단적 언어와 가짜 뉴스의 문제가 존재합니다. 이는 사회적인 분열과 대립을 조장하고 신뢰 문제를 야기할 수 있습니다. 그러나 SNS 자체가 문제가 되는 것은 아닙니다. SNS의 사용 방식과 개선이 필요합니다. 이를 위해 개인들은 신뢰할 수 있는 소스의 정보를 확인하고, 비판적 사고를 갖도록 노력해야 합니다. 또한, SNS 플랫폼 업체들은 거짓 정보와 공격적인 콘텐츠에 대한 대응을 강화하고, 익명성과 악의적인 행동을 근절하기 위한 노력을 해야 합니다.

정치적인 분열과 대립은 다양한 요인에 기인하며, SNS는 이러한 문제들을 조장할 수 있는 하나의 도구에 불과합니다. 따라서 문제의 본질에 대한 근본적인 해결을 위해서는 교육, 개인의 의식 개선, 사회적인 대화와 협력이 필요합니다.

팬데믹 이후
한국 경제

코로나 팬데믹에 대응하기 위해 전 세계가 엄청난 재정 확대 정책을 펼쳤습니다. 그 후유증으로 한때 자산 인플레이션이 심해졌습니다. 부동산, 주식 등이 과도하게 상승했지요. 미국이 금리를 올려 긴축 재정 정책으로 돌아서고 있는데 세계 경제, 특히 한국 경제에도 상당한 영향을 미칠 것으로 보는데요.

맞습니다. 코로나 팬데믹으로 전 세계적으로 시행된 대규모 재정 확대 정책은 자산 인플레이션을 일으킬 수 있습니다. 부동산 및 주식 시장의 과도한 상승은 이러한 자산 인플레이션의 결과로 볼 수 있습니다. 이에 대응하여 미국과 같은 국가들이 금리를 올리고 긴축 정책으로 전환할 수 있습니다.

세계 경제에 대한 영향은 여러 가지 요인에 의해 결정되며, 정확한 것은 예측하기 어렵습니다. 그러나 몇 가지 가능성은 다음과 같습니다.

미국의 금리 인상으로 인해 안정성과 수익성이 높아진 미국 시장에 투자자들이 자본을 이동시킬 가능성이 있습니다. 이는 신흥국과 개발 도상국에 자본 유출과 외환 시장 압력을 가져올 수 있습니다.

금리 상승은 부동산 시장에 영향을 줄 수 있습니다. 과도한 부동산 가격 상승이 지속되고 있다면, 금리 인상으로 인해 부동산 투자와 대출 수요가 감소하고 부동산 가격이 하락할 수 있습니다.

금리 인상과 긴축 정책은 주식 시장에 영향을 미칠 수 있습니다. 투자자들은 안정성이 높은 채권 등의 투자를 선호할 수 있으며, 주식 시장에 대한 투자 수요가 감소할 수 있습니다.

미국의 긴축 정책은 세계 경기에 영향을 줄 수 있습니다. 금리 인상과 정책 축소는 경기를 둔화시킬 수 있으며, 수출 의존적인 국가들에게는 수출 감소와 경기 둔화의 압력을 가져올 수 있습니다.

한국 경제에도 미국의 금리 인상과 긴축 정책의 영향을 받을 가능성이 있습니다. 외환 시장 변동성, 부동산 및 주식 시장의 변동, 수출과 경기 등이 영향을 받을 수 있습니다. 그러나 정확한 영향 평가는 여러 요인과 상황을 종합적으로 고려해야 하며, 정책 수행 및 대응에 따라 결과는 달라질 수 있습니다.

한국은 수출로 먹고사는 나라입니다. 그런데 최근 몇 개월째 수출이 줄고, 무역 적자가 심화되고 있습니다. 일각에선 외환 위기에 버금가는 경제 위기를 걱정하는 목소리도 있습니다. 원인은 뭐라고 보시나요?

수출 감소와 무역 적자가 심화되는 원인은 다양한 요인에 기인할 수 있습니다. 몇 가지 주요한 요인을 살펴보겠습니다.

국제 경기 침체, 무역 갈등, 정치적 불안정 등 세계 경제의 불안정한 상황은 수출에 부정적인 영향을 미칠 수 있습니다. 전 세계적으로 경제 활동이 둔화되고 무역 제약이 증가하면서 수출이 감소하고 무역 적자가 심화될 수 있습니다.

특정 산업 부문에서 발생한 문제도 수출 감소에 영향을 줄 수 있습니다. 예를 들어, 일부 산업 부문에서의 원자재 공급 부족, 생산 불안정성, 제품의 경쟁력 저하 등이 수출 감소로 이어질 수 있습니다.

환율 변동은 수출에 큰 영향을 미칠 수 있습니다. 원화의 강세는 수출품의 가격 경쟁력을 약화시키고 수출 감소를 야기할 수 있습니다. 글로벌 공급망의 변화도 수출에 영향을 줄 수 있습니다. 다른 국가들이 생산 기반을 강화하거나 생산 비용이 저렴한 국가들로 이동할 경우, 한국의 수출업체들이 경쟁력을 잃을 수 있습니다. 대내외 정치적인 요인도 수출 감소에 영향을 줄 수 있습니다. 예를 들어, 무역 관련 정책의 변화, 무역 협상의 어려움, 정치적인 갈등 등은 수출 활동에 불확실성을 야기할 수 있습니다.

이러한 요인들은 수출 감소와 무역 적자 심화의 원인으로 작용할 수 있습니다. 정확한 원인을 파악하고 대응하기 위해서는 산업 구조의 변화, 경쟁력 강화, 수출 시장 다변화, 정책 대응 등을 고려한 종합적인 대책이 필요합니다.

외교 전쟁

한국 같은 나라는 외교가 정말 중요합니다. 수출 주도형 경제이니만큼 외교가 곧 경제죠. 윤석열 정부의 미국, 일본 중심의 외교는 정말 위험하고 순진해 보입니다. 중국 등 다른 나라의 보복이 현실화하면 한국 경제는 큰 타격을 입을 수밖에 없지 않을까요?

외교는 한국과 같은 수출 중심 경제에 있어서 매우 중요한 역할을 합니다. 윤석열 정부의 미국과 일본 중심의 외교 정책이 한국 경제에 어떤 영향을 미칠지 예측하기는 어렵습니다. 그러나 중요한 몇 가지 측면을 살펴볼 수 있습니다.

미국과 중국, 일본은 한국의 중요한 무역 파트너이며 경제적인 파트너십을 가지고 있습니다. 따라서 외교적인 긴장이 높아질 경우 무역 및 경제 관계에 영향을 줄 수 있습니다. 이는 무역 제약, 수출 규제, 투자의 불확실성 등을 초래할 수 있습니다.

중국은 한국의 주요한 무역 파트너이며, 한반도 안보와 경제적인 안정성에 큰 영향을 미치는 국가입니다. 중국과의 관계에 대한 외교적 긴장은 한국 경제에 영향을 미칠 수 있으며, 보복 조치와 같은 형태로 나타날 수도 있습니다.

한국은 다자간 협력과 균형 잡힌 외교를 추구하는 것이 중요합니다. 미국, 일본, 중국과의 관계를 포함하여 다양한 국가와의 협력을 강화함으로써 리스크 분산과 다각화된 경제 관계를 구축하는 것이 중요합니다.

외교적인 긴장이 높아질 경우 대화와 협상의 중요성이 더욱 부각됩니다. 외교적 분쟁이나 갈등을 해결하기 위해 선구적인 대화와 협상을 통해 긍정적인 결과를 도출하는 것이 중요합니다.

한국 경제가 외교적인 긴장으로 인해 큰 타격을 입을 가능성은 있지만, 외교 정책은 다양한 요인과 상황에 따라 영향을 받습니다. 중요한 것은 외교 정책이 균형과 상호 이익을 고려하며, 다양한 국가와의 협력을 통해 안정성과 경제적인 다각화를 추구하는 것입니다.

중국과의 교역

한국은 지난 1992년 중국과 수교 이후 30년간 중국에서 총 7,000억 달러(우리 돈 약 1,000조 원)가 넘는 무역 흑자를 거뒀습니다. 우리의 최대 수출국이자, 최대 무역 거래 국가였고, 최대 흑자를 안겨준 나라죠. 하지만 최근 오히려 중국과의 교역에서 적자가 쌓이고 있습니다.

맞습니다. 한국과 중국의 무역 관계는 지난 30년 동안 상당한 흑자를 보였습니다. 중국은 한국의 최대 수출국이자, 무역 거래 국가였으며, 한국에 큰 흑자를 안겨준 국가입니다. 그러나 최근 중국과의 교역에서 적자가 쌓이고 있는 것으로 알려져 있습니다.

이러한 상황은 한국과 중국의 경제 구조 변화, 경쟁력 변화, 무역 정책의 조정 등 다양한 요인에 기인할 수 있습니다. 중국의 경제 성장과 산업 구조 조정, 글로벌 경기 변동성, 무역 정책 변화 등이 한국과 중국의 무역 관계에 영향을 미치고 있을 가능성이 있습니다.

중국과의 교역에서 적자가 쌓이는 상황에 대응하기 위해서는 경쟁력 강화, 다각화된 시장 개척, 산업 구조 조정, 혁신과 기술 발전 등을 통해 경제적인 다각화와 수출 다변화를 추구하는 것이 중요합니다. 또한, 중국과의 협력과 대화를 강화하여 상호 이익을 도모하는 방향으로 나아가는 것이 필요할 것입니다.

박근혜 정부의 기습적인 사드 배치, 현 정부의 미국과 일본에 치우친 단순한 외교 등도 중국과의 관계 악화에 많은 영향을 미쳤고, 결과적으로 경제적으로도 타격이 불가피한 것 같습니다.

한국의 사드 배치와 미국과 일본에 치우친 외교 정책은 중국과의 관계에 영향을 미쳤으며, 결과적으로 경제에도 타격을 주었습니다. 중국과의 관계 악화와 경제적인 타격에 대해 몇 가지 주요한 측면을 살펴보겠습니다.

중국은 한국과 경제 교류 및 무역에서 중요한 파트너입니다. 중국과의 관계 악화는 상호 간의 경제적인 교류에 영향을 줄 수 있으며, 무역 제약이나 수출 규제 등으로 인해 한국 경제에 타격을 줄 수 있습니다.

중국은 한국에 대한 관광 및 소비재 수요가 큽니다. 중국인 관광객의 수요 감소 또는 소비재 수입 감소는 한국의 관광업과 소비재 산업에 직접적인 영향을 줄 수 있습니다.

중국은 무역 갈등 시 한국에 대한 보복 조치를 취할 수 있습니다. 예를 들어, 수입 품목에 대한 관세 인상이나 규제, 소비재나 산업 부문에 대한 제재 등이 있을 수 있으며, 이는 한국 경제에 부정적인 영향을 줄 수 있습니다.

중국과의 관계 악화는 글로벌 공급망에서의 변화를 야기할 수 있습니다. 중국의 제조업 경쟁력 강화와 함께 한국 기업들은 다른 국가로의 이전 또는 협력 탐색을 고려해야 할 수도 있습니다.

중국과의 관계 악화는 경제적인 타격을 초래할 수 있으며, 이는 한국 경제에 영향을 미칠 수 있습니다. 정확한 영향 평가는 다양한 요인과 상황을 종합적으로 고려해야 하며, 대응과 대처 방안의 필요성을 강조합니다. 중국과의 관계 개선 및 다각화된 외교 노력은 경제적인 안정과 여러 방면의 경제 관계를 구축하는 데 중요합니다.

미중 충돌과 한국

세계는 지금 미국과 중국이라는 기존 세계 질서를 주도하던 국가와 신흥 세력 간 충돌이 벌어지고 있습니다. 이런 상황에서 어느 한쪽에 매달리는 외교 정책이 과연 현명한 일일까요?

세계가 미국과 중국을 중심으로 기존 세계 질서와 신흥 세력 간의 충돌을 경험하고 있는 현실은 매우 복잡하고 도전적입니다. 이러한 상황에서 어느 한쪽에 매달리는 외교 정책은 현명한 선택이 아닐 수 있습니다. 외교 정책은 다음과 같은 요소들을 고려해야 합니다.

현대 세계에서는 다자간 협력과 균형이 중요합니다. 어느 한쪽에만 의존하는 외교 정책은 국가의 안정성과 안보를 위협할 수 있습니다. 다양한 국가와의 협력과 관계 구축을 통해 균형을 유지하고, 상호 이익을 추구하는 것이 필요합니다. 중립적인 입장은 중요한 요소입니다. 어느 한쪽에 편향되지 않고, 중립적이고 객관적인 입장을 취하는 것이 중요합니다.

외교 정책은 국가의 이익과 가치를 조화시키는 데 초점을 둬야 합니다. 이익을 추구하면서도 국제적인 규범과 가치를 존중하고, 상호 존중과 협력을 강조하는 외교 정책이 필요합니다. 또한, 대화와 협상을 중요시해야 합니다. 양자 간의 갈등과 긴장을 완화하고 해결하기 위해 상호적인 대화와 협상을 통한 해결 방안을 모색하는 것이 중요합니다.

따라서 세계가 미국과 중국의 충돌과 양자 간 경쟁을 경험하는 상황에서는 다양한 외교 정책과 접근 방식을 통해 균형, 중립성, 이익과 가치의 조화, 대화와 협상을 강조하는 것이 현명한 선택일 것입니다.

지속 가능한
경제 성장

한국은 반도체, 조선 등 몇몇 업종을 통한 수출 주도형 경제 성장이 한계에 봉착한 듯합니다. 저출생 문제로 노동력 부족도 현실화하고 있습니다. 북한과의 평화적인 교류와 협력을 통해 내수 시장 확대와 노동력 부족 문제 등을 한꺼번에 해결할 수 있을 것 같은데 현 정부는 북한과 강경 일변도 정책을 펴고 있어 걱정입니다. 과거 박근혜 정부는 '통일 대박론'을 주장했고, 민주당 정부는 일관되게 남북 평화 정착이 곧 경제라는 입장을 견지해왔습니다.

한국이 반도체와 조선 등 몇몇 업종을 통한 수출 주도형 경제 성장에서 한계에 봉착하고 있으며, 저출생 문제로 노동력 부족도 심각한 문제가 되고 있는 것은 사실입니다. 북한과의 평화적인 교류와 협력을 통해 내수 시장을 확대하고 노동력 부족 문제를 해결하는 아이디어는 흥미로울 수 있습니다.

그러나 정부의 외교 정책은 다양한 요인과 관련된 복잡한 문제를 고려하여 결정되며, 북한과의 관계에서는 안보 및 지역 안정, 인권 문제 등이 고려되어야 합니다. 북한과의 관계는 매우 복잡하고 예측하기 어려운 동적인 상황입니다. 따라서 정부의 정책 방향성은 정부의 평가와 선택에 달려있으며, 안보와 국가 이익을 고려해 결정이 이루어집니다.

노동력 부족 문제와 내수 시장 확대를 위한 다양한 대책과 협력 방안은 여전히 중요합니다. 이는 국가의 경제적인 다각화와 지속 가능한 성장을 위해 필요한 과제입니다. 북한과의 관계 개선과 평화적인 교류를 통해 협력과 경제 교류의 가능성을 모색하는 것은 한국 경제의 장기적인 안정성을 고려할 때 중요한 이슈입니다.

중요한 것은 정부의 정책 방향성과 이슈에 대한 고려와 대응, 다양한 이해 관계자들과의 협력과 대화를 통해 좀 더 포괄적이고 지속 가능한 대안을 모색하는 것입니다.

한국의 산업 구조 자체를 근본적으로 바꿔야 지속적으로 성장이 가능할 듯합니다. 앞으로 한국이 주력 산업으로 키워야 할 분야는 어떤 게 있을까요.

한국이 지속적인 성장을 위해 주력 산업을 키워야 할 분야는 여러 가지가 있을 수 있습니다. 다음은 몇 가지 주요한 분야 예시입니다.

인공지능, 빅데이터, 사물인터넷, 클라우드 컴퓨팅, 사이버 보안 등 첨단 기술과 디지털 산업은 미래의 성장 동력으로 인정받고 있습니다. 이러한 분야의 연구 개발과 기업 육성을 통해 한국은 글로벌 디지털 시장에서의 경쟁력을 강화할 수 있습니다.

지속 가능한 발전을 위해 친환경 및 신재생 에너지 분야는 매우 중요합니다. 태양광, 풍력, 수소 등의 신재생 에너지 기술 개발과 도입을 통해 친환경 산업을 선도하는 역할을 할 수 있습니다.

바이오 의약품, 유전자 치료, 바이오 소재 등 생명 과학 분야는 미래 산업으로 주목받고 있습니다. 한국은 이미 생명 과학 분야에서 기술력을 갖추고 있으며, 이를 기반으로 한 바이오 산업의 성장을 추진할 수 있습니다.

자율 주행 차, 전기 차, 모빌리티 서비스 등 스마트 모빌리티 분야는 미래 교통 시스템의 중요한 요소입니다. 한국은 자동차 및 반도체 분야에서 경쟁력을 갖추고 있으며, 이를 바탕으로 스마트 모빌리티 분야에서 선도적인 역할을 할 수 있습니다.

이외에도 로봇 공학, 의료 기기, 문화 콘텐츠, 스포츠 산업 등 다양한 분야가 한국의 주력 산업으로 발전할 수 있습니다. 주력 산업을 결정하는 데에는 기술력, 인프라, 시장 수요 등 복합적인 요소를 고려해야 합니다. 또한, 산업 간의 융합과 협력, 창업 및 기업 지원 정책의 강화 등 종합적인 접근이 필요합니다.

저출생 문제

한국은 전 세계적으로도 출생률이 가장 낮은 국가입니다. 저출생 문제는 가장 심각한 도전 과제가 될 것 같습니다. 단순히 돈을 투입한다고 해결될 문제도 아니라고 봅니다. 저출생 문제를 극복한 나라에서 배울 점은 없을까요?

한국이 전 세계에서 출생률이 가장 낮은 국가 중 하나로 식별되는 현실은 매우 도전적인 과제입니다. 초저출생 문제를 극복한 다른 나라에서 배울 수 있는 몇 가지 접근 방법과 관련된 요소들을 살펴보겠습니다.

일부 국가는 육아 및 가족 지원 정책을 통해 출산을 장려하고, 부모들의 경제적인 부담을 완화하는 방안을 마련하고 있습니다. 보육 시설 확대, 육아 휴직 제도 개선, 육아 수당 및 현금 지원 등이 이러한 정책에 포함될 수 있습니다.

일부 국가에서는 사회 문화와 여성의 역할에 초점을 두어 출산을 장려하고 있습니다. 성평등 정책, 여성의 경력과 가사 노동의 균형, 부모 역할 분담 등을 고려한 정책이 이에 해당할 수 있습니다.

교육과 일자리 환경이 출산 의사 결정에 영향을 줄 수 있습니다. 교육 시스템의 개선, 직장 내 유연한 근무 시간 제도, 경제적인 안정성과 일·생활 균형을 갖춘 일자리 조성 등이 출산에 긍정적인 영향을 줄 수 있는 요소입니다.

출산에 대한 문화적인 변화와 인식 개선은 중요한 요소입니다. 출산과 육아에 대한 긍정적인 인식과 사회적인 가치 부여, 가족 중심의 문화 확산 등이 초저출생 문제 극복에 도움을 줄 수 있습니다.

위의 접근 방법들은 일부 국가에서의 사례를 기반으로 한 것이며, 국가 간의 문화적인 차이와 사회적인 상황에 따라 적용할 수 있는 방법이 다를 수 있습니다. 따라서 한국은 이러한 접근 방법을 참고하면서도 자신의 사회, 문화 및 경제적인 상황을 고려한 맞춤형 정책을 개발해야 할 것입니다. 또한, 초저출생 문제는 단일한 해결책이 아니라 다양한 요인과 정책의 종합적인 접근이 필요하며, 장기적이고 지속 가능한 변화를 위해 꾸준한 노력과 협력이 필요합니다.

에너지 전환 정책

문재인 정부는 에너지 전환 정책을 통해 향후 60년에 걸쳐 원자력 발전 비중을 줄여나가고 신재생 에너지 비중을 높이는 정책을 폈습니다. 통상 대통령의 정책적 결정은 사법적 판단의 대상이 아님에도 현 정부는 그 정책 추진 과정에 대해 감사원 감사와 검찰 수사까지 하고 있습니다. 세계적인 에너지 전환 흐름에 역행하고 있는 현실을 어떻게 보나요?

문재인 정부의 에너지 전환 정책에 대한 감사원 감사와 검찰 수사 등의 절차는 정책 추진 과정의 투명성과 정당성을 확보하기 위한 과정으로 이해될 수 있습니다. 정부의 에너지 전환 정책은 국가 전략과 경제적인 영향을 가질 수 있는 중요한 결정 사항입니다. 따라서 이러한 정책 결정 과정에는 공정성과 법적인 측면에서 검토와 감사가 이루어질 수 있습니다.

세계적인 에너지 전환 흐름은 신재생 에너지 증가와 탄소 배출 감소에 대한 중요성을 강조하고 있습니다. 그러나 각 국가는 자체적인 에너지 상황, 인프라, 경제적 요건 등을 고려하여 에너지 전환 정책을 추진합니다. 정부는 국가적 이익과 지속 가능한 발전을 고려하여 에너지 전환 방향을 결정하고 이를 추진하는 것이 일반적입니다.

정부의 정책 결정 과정은 다양한 이해 관계자들의 참여와 의견 수렴, 토론 및 평가 등을 거쳐 이루어질 수 있습니다. 에너지 전환은 장기적이고 복잡한 과정이며, 다양한 이슈와 요구를 고려하여 적절한 방향으로 전환을 진행하는 것이 중요합니다. 각 국가는 자체적인 상황과 조건을 고려하여 에너지 전환 방향을 결정하며, 정부는 이를 위해 평가와 검토를 거쳐 국가의 에너지 전략을 구체화하는 것이 필요합니다.

부동산 인플레이션

코로나 팬데믹 시기에 각국이 초저금리 상황에서 경쟁적으로 돈을 풀면서 전 세계적으로 자산 인플레이션이 일어났습니다. 한국도 부동산, 주식이 급등했습니다. 일각에선 부동산 가격 상승을 문재인 정부의 정책적 실패로 규정하고 있습니다. 당시 세계적 부동산 가격 상승 원인을 어디서 찾을 수 있을까요?

코로나 팬데믹 시기에 전 세계적으로 경쟁적인 돈 풀기와 초저금리 상황이 자산 인플레이션을 일으키는 요인으로 작용했는데, 부동산 가격 상승은 다양한 요인의 복합적인 결과입니다. 이를 단일한 원인으로 규정하는 것은 어려울 수 있습니다. 세계적 부동산 가격 상승의 주요 원인은 아래와 같은 요소들로 파악할 수 있습니다.

세계 경제 주요국들은 과거 경기 하강을 완화하기 위해 저금리 정책을 채택했습니다. 저금리는 신규 투자를 촉진하고 자금 유입을 도모하여 부동산 시장에 영향을 줄 수 있습니다.

경제 불확실성이 높아지면서 투자자들은 안정적인 자산을 찾는 경향이 있습니다. 이에 부동산은 자산 보전과 수익 창출의 측면에서 투자자들에게 매력적인 대안으로 인식되었습니다. 긴축된 경제 상황에서 자산 가격 상승에 대한 욕구가 높아질 수 있습니다. 투자자들은 급격한 가격 상승에 따라 성급한 투자 결정을 내릴 가능성이 있습니다.

일부 지역에서는 주택 수요와 공급 부족이 부동산 가격 상승에 영향을 미칠 수 있습니다. 인구 증가, 도시화, 유동 인구 등이 주택 수요와 공급에 영향을 미치며, 이로 인해 부동산 가격이 상승할 수 있습니다.

세계적인 부동산 가격 상승은 복잡한 현상이며, 다양한 요인이 복합적으로 작용하여 발생합니다. 정부 정책, 금융 환경, 투자자 심리, 시장 조건, 주택 수요와 공급 등 여러 가지 요소가 조합되어 부동산 가격 상승을 형성할 수 있습니다. 이를 이해하고 평가하기 위해서는 합리적인 분석과 다양한 이해관계자들의 의견을 고려하는 것이 중요합니다.

문재인 정부의 정책이 부동산 가격 상승에 영향을 미쳤는지에 대한 평가는 여러 의견이 존재합니다. 아래는 일부 의견입니다.

일부에서는 문재인 정부의 주택 정책이 부동산 가격 상승에 영향을 준 것으로 보는 경우가 있습니다. 주택 공급 부족 문제에 대한 대응이나 임대주택 정책 등이 부동산 가격 상승을 부추기는 요인으로 작용할 수 있다는 주장이 있습니다.

금융 환경과 정책적 요인도 부동산 가격 상승에 영향을 줄 수 있습니다. 저금리 정책, 신용 공여 정책, 주택 담보 대출 정책 등이 부동산 시장에 영향을 미칠 수 있으며, 이러한 정책적 요인이 부동산 가격 상승을 부추기는 요소로 언급되는 경우가 있습니다.

부동산 가격은 국내외의 다양한 외부 요인과 시장 조건에 의해 영향을 받을 수 있습니다. 경제 성장률, 금융 시장의 변동성, 외국인 투자 등이 부동산 가격 상승에 영향을 미칠 수 있는 요인으로 지적되는 경우가 있습니다.

결국 부동산 관련 세금 인상이 선거에도 큰 영향을 미친 것 같습니다.

부동산 관련 세금 인상은 대통령 선거에 영향을 미칠 수 있는 중요한 이슈 중 하나입니다. 부동산은 많은 국민에게 직간접적으로 경제적인 이익과 관련된 중요한 자산입니다. 따라서 부동산 정책은 국민의 생활과 직결되는 문제로 여겨지며, 선거 시에 관심과 논의가 높아집니다.

부동산 가격 상승이 과열되거나 부동산 시장의 불균형이 발생할 경우, 정부는 이를 규제하거나 조절하기 위해 부동산 관련 정책을 시행하기도 합니다. 이때 정부가 세금 인상과 같은 정책을 도입할 경우, 집값에 직간접적인 영향을 미칠 수 있으며, 이는 국민들의 이익과 경제적인 이슈로 받아들여질 수 있습니다.

따라서 부동산 관련 세금 인상은 대중의 이목을 끌고, 정치적으로 논란이 될 수 있으며, 이는 대통령 선거에서 후보자들의 정책 입장과 선호도에 영향을 미칠 수 있습니다. 선거 시기에는 부동산 정책과 관련된 논의가 활발하게 이루어지고, 후보자들은 이에 대한 입장을 밝히고 유권자들의 지지를 얻기 위해 다양한 정책 제안을 할 수 있습니다.

하지만 대통령 선거에서 다른 정책 분야와 마찬가지로 부동산 정책만으로 선거 결과를 완전히 설명할 수는 없습니다. 선거 결과는 여러 요인의 조합과 유권자들의 다양한 이슈와 우려 사항을 반영하게 됩니다. 따라서 부동산 관련 세금 인상이 대통령 선거에 미치는 영향은 정책 외의 다른 요인들과 복합적으로 작용하여 결정되는 것이 일반적입니다.

남북 교류 협력

한국은 인구 감소와 자원 부족으로 경제 성장의 한계에 이른 것 같습니다. 이런 문제를 해결할 수 있는 길이 북한과의 협력이 아닌가 싶습니다. 자원과 노동력을 갖고 있는 북한과 교류 협력이 새로운 성장 동력이 될 수 있을 것 같은데 어떤가요?

한국의 인구 감소와 자원 부족은 실제로 경제 성장에 대한 일부 제약 요소가 될 수 있습니다. 북한과의 협력이 이러한 문제를 해결할 수 있는 한 가지 방안이 될 수 있지만, 이는 다양한 측면에서 고려해야 할 문제입니다.

먼저, 북한과의 교류와 협력이 새로운 성장 동력이 될 수 있는지에 대해서는 여러 가지 측면을 고려해야 합니다. 북한은 자원과 노동력을 보유하고 있지만, 그들의 경제 상황과 국제적인 제재 등으로 인해 여러 가지 제약이 있습니다. 북한과의 경제 협력은 이러한 제약 사항을 고려하여 신중하게 검토되어야 합니다.

또한, 북한과의 협력은 정치적인 측면에서도 복잡한 문제를 야기할 수 있습니다. 한국과 북한은 여전히 분단된 상태이며, 양측 간의 정치적인 불안정성과 갈등 가능성이 존재합니다. 따라서 북한과의 협력은 정치적인 안정과 평화적인 관계 형성을 필요로 합니다.

한국 정부는 북한과의 협력을 통해 경제 성장을 도모하기 위해 노력하고 있습니다. 예를 들어, 남북 경제 협력 지구의 설립, 특별 경제 구역의 개선, 남북 철도 연결 등의 계획이 있습니다. 그러나 이는 여러 가지 난관과 도전에 직면하고 있으며, 북한의 의사와 협상 과정 등에 영향을 받습니다.

북한과의 협력을 통해 자원과 노동력을 활용할 가능성이 있다고 할지라도, 이는 단기적인 해결책보다는 장기적인 전략과 계획이 필요합니다. 그리고 이러한 협력은 정치적인 안정과 국제 사회와의 협력을 바탕으로 이루어져야 합니다. 한국 정부와 국제 사회는 북한과의 협력을 추진하면서, 동시에 북한의 핵 문제와 인권 문제 등에 대한 대응도 고려해야 할 것입니다.

포용과 화합의 정치

한국의 젊은 20, 30대 청년들도 북한 문제 등에 있어 과거에 비해 상당히 보수적인 경향이 강해지고 있습니다. 이유를 뭐라고 보시나요?

한국의 젊은 세대인 20대와 30대 청년들이 상대적으로 보수적인 경향을 보이는 이유는 다양한 요인으로 설명될 수 있습니다. 이러한 경향성은 개인 차이가 있을 수 있으며, 어떠한 경향으로만 이해해야 합니다. 아래에 몇 가지 이유를 제시해 보겠습니다.

한국은 분단과 전쟁 등의 역사적인 경험을 겪었습니다. 이로 인해 안보 문제와 국가의 단단한 보수적인 가치관이 형성되었을 수 있습니다. 현대 한국 사회는 경제적인 불안정성과 취업 어려움 등의 문제를 겪고 있습니다. 이러한 경험은 보수적인 가치를 중시하는 경향성을 부각시킬 수 있습니다. 젊은 세대들은 경제적인 안정과 직업 기회에 대한 욕구를 가지고 있을 가능성이 큽니다.

한국 사회는 젊은 세대와 중년 이상의 세대 간에 경제, 사회, 정치 등 다양한 이슈에서 갈등과 대립이 존재합니다. 이러한 세대 간 갈등은 보수적인 가치를 유지하려는 경향을 형성할 수 있습니다.

인터넷과 소셜 미디어의 보급으로 젊은 세대는 다양한 정보를 접할 수 있게 되었습니다. 이로 인해 다양한 이슈에 대한 접근성이 높아졌지만, 동시에 오해와 편향된 정보도 존재합니다. 이러한 정보 과부하와 정보의 다양화로 인해 개인이 보수적인 가치에 의존하고자 하는 경향성이 있을 수 있습니다.

문화적인 가치와 정체성은 개인의 정치적 성향에 영향을 미칠 수 있습니다. 특히 한국의 전통 가치, 가족 중심 문화, 사회적 안정성을 중요시하는 가치관이 보수적인 성향을 형성하는 데 영향을 줄 수 있습니다.

이러한 이유들은 한국의 젊은 세대들이 상대적으로 보수적인 경향을 보이는 요인 중 일부일 수 있습니다. 그러나 개인의 경험과 가치관은 다양하며, 젊은 세대 전체를 일반화하기에는 한계가 있습니다. 따라서, 개인의 다양성과 복잡성을 인식하고 이에 대한 다양한 시각을 고려하는 것이 중요합니다.

요즘 청년 세대에선 지역 갈등이나 이념 갈등보다 세대 간 갈등, 남녀 간 갈등 문제가 더 심각해 보입니다.

네, 한국의 청년 세대 사이에서는 최근 세대 간 갈등과 남녀 간 갈등 문제가 더욱 심각해지고 있는 경향이 있습니다. 이는 다양한 사회적·경제적·문화적 변화와 함께 발생한 현상으로 여러 요인에 기인합니다.

한국은 경제적인 불평등이 존재하며, 젊은 세대는 취업 어려움과 불안정한 경제 상황으로 인해 경제적인 불평등을 체감하고 있습니다. 이는 세대 간 갈등을 부각시키고 젊은 세대가 자신들의 권리와 이익을 주장하는 경향성을 갖게 합니다.

한국 사회에서는 가족 중심 문화와 정치, 경제, 사회 등 다양한 측면에서 전통적인 가치들이 변화하고 있습니다. 이에 따라 세대 간 가치 차이가 발생하고, 이로 인해 갈등이 생겨날 수 있습니다. 예를 들어, 젊은 세대는 개인의 자율성과 다양성을 중요시하는 경향이 강하며, 이는 과거 세대와의 가치 충돌을 유발할 수 있습니다.

여성의 사회적 지위와 성별 평등에 대한 관심이 증가함에 따라 성별 간 갈등이 큰 이슈로 부각되고 있습니다. 여성들은 사회에서의 차별과 성희롱, 가정과 직장 간 균형 등에 대한 문제에 대해 더욱 민감한 인식을 갖게 되었습니다. 이로 인해 성별 간 갈등이 확대되고 이를 해소하기 위한 운동이 활발히 전개되고 있습니다.

디지털 시대에서는 정보와 의견이 빠르게 전달되고 공유되는데, 이러한 커뮤니케이션 환경은 다양한 의견 충돌과 갈등을 조장할 수 있습니다. 특히 소셜 미디어를 통한 익명성과 집단 내 강화 현상은 세대 간, 남녀 간 갈등을 부각시킬 수 있습니다.

이러한 이유로 인해 세대 간 갈등과 남녀 간 갈등 문제가 한국의 청년 세대 사이에서 심각해지고 있습니다. 이는 사회적인 문제로서 주의를 필요로 하며, 상호 이해와 대화, 포용적인 사회 문화의 구축 등을 통해 갈등을 완화하고 해결해나가야 합니다.

대통령과 함께한 5년

초판 1쇄 발행	2023년 9월 20일
지은이	조용우
펴낸곳	(주)행성비
펴낸이	임태주
편집총괄	이윤희
편집	김지호
디자인	이유진
마케팅	한경화
출판등록번호	제2010-000208호
주소	경기도 김포시 김포한강10로 133번길 107 710호
대표전화	031-8071-5913
팩스	0505-115-5917
이메일	hangseongb@naver.com
홈페이지	www.planetb.co.kr

ISBN 979-11-6471-247-2 (03340)

행성B는 독자 여러분의 참신한 기획 아이디어와 독창적인 원고를 기다리고 있습니다.
hangseongb@naver.com으로 보내 주시면 소중하게 검토하겠습니다.